JN116140

改訂2版

実践韓国語

初・中級

朴 貞淑 著

監修 朴 恵淑
協力 小野恵理嘉

ふくろう出版

はじめに

　アンニョンハセヨ！　本書は、韓国語を基礎から学び、気がつけば日常会話に不自由なく話せることをめざした、**分かりやすく役に立つ実践韓国語**の教科書です。韓国語は、日本語と語順がほぼ同じで、日本語と最も近い言語であり、文字と発音をしっかり身につければ、誰もが話せる外国語です。本書により、楽しく韓国語を学び、韓国の文化や生活風習が理解できる、最も親しみやすい外国語となることを願っています。日本へ留学生として来日し、日本語を外国語として学んだ私の経験を活かして、初心者が外国語を学ぶ際に感じる、悩みや喜びを最大限に引き出すよう工夫しました。

　本書の改訂2版では、大学用教材として授業の流れに沿うよう、16課構成を組みかえつつ内容の調整を行いました。本書で学ぶことを通じて自立学習が可能になるよう、発音、文法、文型の解説、練習問題を提示し、理解しやすいイラストを載せました。また単語集では、擬態語、擬声語などを追加しました。

　本書は、第1部と第2部で構成され、それぞれ第1課～第4課、第5課～第16課となっています。第1部では、韓国語の基本文型、音の変化を中心に、文字の読み方や発音、書き方から日常会話をまとめました。第2部では、初級文法を段階的にマスターできるよう、多様な語彙と文型を難易度や頻度別に組みました。日常生活に頻繁に使われる表現を習得し、韓国の文化や風習に親しまれる内容となっています。外国語を学ぶ際に、文法は様々な決まりがあり、挫折してしまうことが多いことから、学習者が容易に理解し、活用できるよう、意味と使い方、決まりごとを分かりやすく取り上げました。また、本書で取り上げた単語は、韓日辞書として活用できる単語集を作りました。さらに、会話と聞き取り能力を高めるため、付録にCDを付けましたが、このCDは日常会話、類型や聞き取り練習ができるような内容となっています。これまでの経験を集結して出版された本書が、韓国語を学ぶ皆様はもちろんのこと、韓国語を教える方々にも役に立つことを切に願っています。

　最後に、本書の出版にあたり、的確かつ丁寧な助言をいただいたふくろう出版の亀山 裕幸様、監修の三重大学特命副学長の朴 恵淑様、協力者の小野 恵理嘉様、アドバイザーの韓国世宗大学校教授の朴 己煥様、延藤 彩佳様には多大なご協力をいただきました。心から御礼申し上げます。

2022年1月　　著者　朴　貞淑

目　次

第1部　文字と発音

第1課　基本母音字

アンニョンハ シム ニ カ
안녕하십니까？
こんにちは 。

ナ ヌン　オ ヌル ブ ト　ハン グ ゴ ル ル　コン ブ ハ ム ニ ダ
나는 오늘부터 한국어를 공부합니다.
私は 今日から 韓国語を 勉強します。

韓国語は日本語と語順がほぼ同じです。

人は　本を　作り、
本は　人を　創る。

1. 韓国語（ハングル）の概要

　韓国語（ハングル）の母音字は、宇宙の万物を意味しています。

天、地、人を表しています。

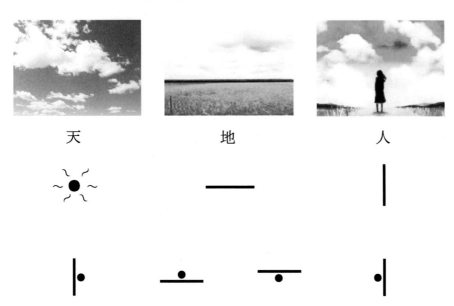

天　　　　　　　　地　　　　　　　　人

　ハングルは、朝鮮王朝第四代目の世宗大王(セジョンデワン：1418-1450)が学者たちの協力を得て作った文字です。1446年に「訓民正音」と名づけられ公布されました。「訓民正音」とは、「国民に教える正しい音」という意味です。

「ハングル」という名称は、近代に入って韓国語学者が命名したとされています。
「ハングル（한글）」は「ハン（한）＝大きい」と「グル（글）＝文字」で、「大いなる文字」という意味です。

　この本では韓国で標準的に使用される言葉を扱いますので、韓国語（ハングル）という名称を使用します。

世宗大王

2．ハングルの構成

　ハングルは、母音文字と子音文字があり、それぞれの文字を組み合わせて書きます。組み合わせのパターンは、子音＋母音のパターンと子音＋母音＋子音のパターンです。基本母音字は10個、基本子音字は14個です。文字は、縦書き、横書きで、文章の最後には必ずピリオドか、クエスチョンマークなどをつけます。

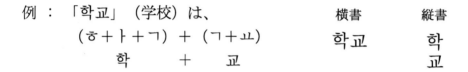

例 ：「학교」（学校）は、

（ㅎ＋ㅏ＋ㄱ）＋（ㄱ＋ㅛ)
　　학　　　＋　　교

横書　　　縦書
학교　　　학
　　　　　교

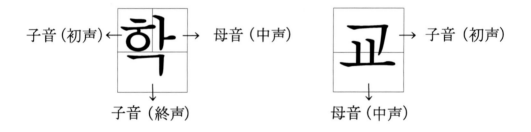

子音（初声）←학→母音（中声）

子音（終声）

교→子音（初声）

母音（中声）

・子音（初声）＋母音（中声）

| 子音字 | 母音字 | 나 |

| 子音字 | | 구 |
| 母音字 | |

| 子音字 | | 위 |
| 母音字 | |

・子音（初声）＋母音（中声）＋子音（終声）

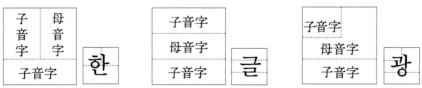

| 子音字 | 母音字 | 한 |
| 子音字 | | |

子音字		글
母音字	
子音字	

子音字		광
母音字	
子音字	

基本母音字

ハングルの基本母音字は10個です。

CD 1

① 아	「 a ／ ア 」 口をやや大きく開けて「ア」と発音します。	② 야	「 ja ／ ヤ 」 口をやや大きく開けて「ヤ」と発音します。
③ 어	「 ɔ ／ オ 」 日本語の「オ」より口を大きく開いて発音します。	④ 여	「 jɔ ／ ヨ 」 口をやや大きく開けて「ヨ」と発音します。
⑤ 오	「 o ／ オ 」 唇を丸く、突き出しながら「オ」と発音します。	⑥ 요	「 jo ／ ヨ 」 唇を丸く、突き出しながら「ヨ」と発音します。
⑦ 우	「 u ／ ウ 」 唇を丸く、突き出しながら「ウ」と発音します。	⑧ 유	「 ju ／ ユ 」 唇を丸く、突き出しながら「ユ」と発音します。
⑨ 으	「 ɯ ／ ウ 」 唇を左右に引いて、「ウ」と発音します。	⑩ 이	「 i ／ イ 」 日本語の「イ」とほぼ同じ発音です。

CD 2

・次のハングルを読んでみましょう。

① 아이　子ども　　② 우유　牛乳

③ 여유　余裕　　　④ 오이　キュウリ

⑤ 우아　優雅　　　⑥ 여우　きつね

⑦ 이유　理由　　　⑧ 아야　痛い

⑨ 유아　幼児　　　⑩ 아우　弟

基本母音字の筆順をみて、書いてみましょう。

基本母音字を書いてみましょう。

ㅏ	ㅑ	ㅓ	ㅕ	ㅗ	ㅛ	ㅜ	ㅠ	ㅡ	ㅣ
아	야	어	여	오	요	우	유	으	이
아	야	어	여	오	요	우	유	으	이
아	야	어	여	오	요	우	유	으	이
아	야	어	여	오	요	우	유	으	이
아	야	어	여	오	요	우	유	으	이
아	야	어	여	오	요	우	유	으	이
아	야	어	여	오	요	우	유	으	이

第2課　基本子音字

ハングルの基本子音字は14個です。（　　）は名称です。　CD 3

① ㄱ　ギ ヨク（ 기역 ）「 k / g 」 日本語の「カ」「ガ」行	② ㄴ　ニ ウン（ 니은 ）「 n 」 日本語の「ナ」行
③ ㄷ　ディ グッ（ 디귿 ）「 t / d 」 日本語の「タ」「ダ」行	④ ㄹ　リ ウル（ 리을 ）「 r / l 」 日本語の「ラ」行
⑤ ㅁ　ミ ウム（ 미음 ）「 m 」 日本語の「マ」行	⑥ ㅂ　ピ ウプ（ 비읍 ）「 p / b 」 日本語の「パ」「バ」行
⑦ ㅅ　シ オッ（ 시옷 ）「 s / ʃ 」 日本語の「サ」行	⑧ ㅇ　イ ウン（ 이응 ）「無音 / ŋ」 はじめに来る際には無音、 パッチムになると「ŋ」
⑨ ㅈ　ジ ウッ（ 지읒 ）「 tʃ / dʒ 」 日本語の「チャ」「ジャ」行	⑩ ㅊ　チ ウッ（ 치읓 ）「 tʃʰ 」 「ㅈ」より息を強く出す。
⑪ ㅋ　キ ウク（ 키읔 ）「 kʰ 」 「ㄱ」より息を強く出す。	⑫ ㅌ　ティ ウッ（ 티읕 ）「 tʰ 」 「ㄷ」より息を強く出す。
⑬ ㅍ　ピ ウブ（ 피읖 ）「 pʰ 」 「ㅂ」より息を強く出す。	⑭ ㅎ　ヒ ウッ（ 히읗 ）「 h 」 日本語の「ハ」行

基本子音字の筆順をみて、書いてみましょう。

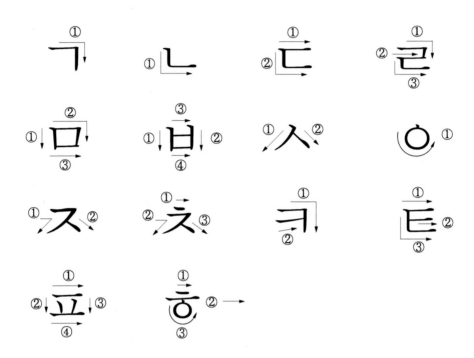

基本子音字を書いてみましょう。

ㄱ	ㄱ	ㄱ	ㄱ	ㄱ	ㅇ	ㅇ	ㅇ	ㅇ	ㅇ
ㄴ	ㄴ	ㄴ	ㄴ	ㄴ	ㅈ	ㅈ	ㅈ	ㅈ	ㅈ
ㄷ	ㄷ	ㄷ	ㄷ	ㄷ	ㅊ	ㅊ	ㅊ	ㅊ	ㅊ
ㄹ	ㄹ	ㄹ	ㄹ	ㄹ	ㅋ	ㅋ	ㅋ	ㅋ	ㅋ
ㅁ	ㅁ	ㅁ	ㅁ	ㅁ	ㅌ	ㅌ	ㅌ	ㅌ	ㅌ
ㅂ	ㅂ	ㅂ	ㅂ	ㅂ	ㅍ	ㅍ	ㅍ	ㅍ	ㅍ
ㅅ	ㅅ	ㅅ	ㅅ	ㅅ	ㅎ	ㅎ	ㅎ	ㅎ	ㅎ

ハングル表

下の表は母音字 10 個と子音字 14 個の組み合わせです。書いてみましょう。

母音 子音	ㅏ	ㅑ	ㅓ	ㅕ	ㅗ	ㅛ	ㅜ	ㅠ	ㅡ	ㅣ
ㄱ	가	갸	거	겨	고	교	구	규	그	기
ㄴ	나	냐	너	녀	노	뇨	누	뉴	느	니
ㄷ	다	댜	더	뎌	도	됴	두	듀	드	디
ㄹ	라	랴	러	려	로	료	루	류	르	리
ㅁ	마	먀	머	며	모	묘	무	뮤	므	미
ㅂ	바	뱌	버	벼	보	뵤	부	뷰	브	비
ㅅ	사	샤	서	셔	소	쇼	수	슈	스	시
ㅇ	아	야	어	여	오	요	우	유	으	이
ㅈ	자	쟈	저	져	조	죠	주	쥬	즈	지
ㅊ	차	챠	처	쳐	초	쵸	추	츄	츠	치
ㅋ	카	캬	커	켜	코	쿄	쿠	큐	크	키
ㅌ	타	탸	터	텨	토	툐	투	튜	트	티
ㅍ	파	퍄	퍼	펴	포	표	푸	퓨	프	피
ㅎ	하	햐	허	혀	호	효	후	휴	흐	히

子音字の発音

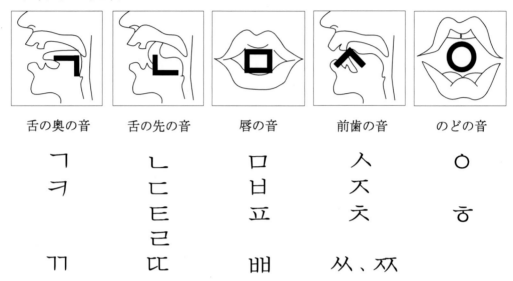

舌の奥の音	舌の先の音	唇の音	前歯の音	のどの音
ㄱ ㅋ ㄲ	ㄴ ㄷ ㅌ ㄹ ㄸ	ㅁ ㅂ ㅍ ㅃ	ㅅ ㅈ ㅊ ㅆ、ㅉ	ㅇ ㅎ

その他の子音字（ 濃音 ）

　ハングルには、14個の基本子音字以外に、同じ子音を重ねた5個の子音字があります。これを濃音と言います。息をもらさず、のどを締めつけるように発音します。

CD 4

① ㄲ ッサンギヨク （ 쌍기역 ）「 ˀk 」 日本語の「カ」行の 詰まった音	② ㄸ ッサンディグッ （ 쌍디귿 ）「 ˀt 」 日本語の「タ」行の 詰まった音
③ ㅃ ッサンビウプ （ 쌍비읍 ）「 ˀp 」 日本語の「パ」行の 詰まった音	④ ㅆ ッサンシオッ （ 쌍시옷 ）「 ˀs 」 日本語の「サ」行の 詰まった音
⑤ ㅉ ッサンジウッ （ 쌍지읒 ）「 ˀtʃ 」 日本語の「チャ」行の 詰まった音	＊（ 쌍 ）は、漢字の「双」で一対の ことを表します。

平音・激音・濃音の発音比較

平音：子音字とほぼ同じく軽い息とともに発音する。
　　　ㄱ　ㄷ　ㅂ　ㅅ　ㅈ

激音：軽い息とともに激しい音をともなって発音する。
　　　ㅋ　ㅌ　ㅍ　ㅊ　ㅎ

濃音：息をもらさず、のどを締めつけるように発音する。
　　　ㄲ　ㄸ　ㅃ　ㅆ　ㅉ

CD 5

＊　母音「ㅏ」をつけた次の音を聞いてみましょう。

	平音	激音	濃音			平音	激音	濃音
①	가	카	까		②	다	타	따
③	바	파	빠		④	사		싸
⑤	자	차	짜					

濃音と母音の組み合わせを書いてみましょう。

	ㅏ	ㅑ	ㅓ	ㅕ	ㅗ	ㅛ	ㅜ	ㅠ	ㅡ	ㅣ
ㄲ	까	꺄	꺼	껴	꼬	꾜	꾸	뀨	끄	끼
ㄸ	따	땨	떠	뗘	또	뚀	뚜	뜌	뜨	띠
ㅃ	빠	뺘	뻐	뼈	뽀	뾰	뿌	쀼	쁘	삐
ㅆ	싸	쌰	써	쎠	쏘	쑈	쑤	쓔	쓰	씨
ㅉ	짜	쨔	쩌	쪄	쪼	쬬	쭈	쮸	쯔	찌

第3課　合成母音字

....

CD 6

　　ハングルには合成母音字が11個あります。
合成母音字は、基本母音字が組み合わさって合成母音字になります。
例えば、基本母音「ㅏ, ㅑ, ㅓ, ㅕ」のそれぞれに「ㅣ」をつけますと
「ㅐ, ㅒ, ㅔ, ㅖ」になります。合成母音は4つですが、発音は2種
類です。

① 애　「ɛ / エ」 日本語の「エ」よりやや口を大きく開いて発音します。	② 얘　「jɛ / イエ」 口をやや大きく開けて「イエ」と発音します。
③ 에　「e / エ」 日本語の「エ」とほぼ同じ発音です。	④ 예　「je / イエ」 日本語の「イエ」とほぼ同じ発音です。
⑤ 와　「wa / ワ」 日本語の「ワ」と同じ発音です。	⑥ 왜　「wɛ / ウエ」 日本語の「ウエ」とほぼ同じ発音です。
⑦ 외　「we / ウエ」 日本語の「ウエ」とほぼ同じ発音です。	⑧ 워　「wɔ / ウオ」 日本語の「ウオ」とほぼ同じ発音です。
⑨ 웨　「we / ウエ」 日本語の「ウエ」とほぼ同じ発音です。	⑩ 위　「wi / ウィ」 日本語の「ウィ」とほぼ同じ発音です。
⑪ 의　「ɰi / ウィ」 日本語の「ウィ」とほぼ同じ発音です。	

・合成母音字の組み合わせ

ㅐ（ ㅏ ＋ ㅣ ）　　　　　ㅚ（ ㅗ ＋ ㅣ ）

ㅒ（ ㅑ ＋ ㅣ ）　　　　　ㅝ（ ㅜ ＋ ㅓ ）

ㅔ（ ㅓ ＋ ㅣ ）　　　　　ㅞ（ ㅜ ＋ ㅔ ）

ㅖ（ ㅕ ＋ ㅣ ）　　　　　ㅟ（ ㅜ ＋ ㅣ ）

ㅘ（ ㅗ ＋ ㅏ ）　　　　　ㅢ（ ㅡ ＋ ㅣ ）

ㅙ（ ㅗ ＋ ㅐ ）

・次の合成母音字を書いてみましょう。

ㅐ	ㅒ	ㅔ	ㅖ	ㅘ	ㅙ	ㅚ	ㅝ	ㅞ	ㅟ	ㅢ
ㅐ	ㅒ	ㅔ	ㅖ	ㅘ	ㅙ	ㅚ	ㅝ	ㅞ	ㅟ	ㅢ
ㅐ	ㅒ	ㅔ	ㅖ	ㅘ	ㅙ	ㅚ	ㅝ	ㅞ	ㅟ	ㅢ
ㅐ	ㅒ	ㅔ	ㅖ	ㅘ	ㅙ	ㅚ	ㅝ	ㅞ	ㅟ	ㅢ
ㅐ	ㅒ	ㅔ	ㅖ	ㅘ	ㅙ	ㅚ	ㅝ	ㅞ	ㅟ	ㅢ
ㅐ	ㅒ	ㅔ	ㅖ	ㅘ	ㅙ	ㅚ	ㅝ	ㅞ	ㅟ	ㅢ
ㅐ	ㅒ	ㅔ	ㅖ	ㅘ	ㅙ	ㅚ	ㅝ	ㅞ	ㅟ	ㅢ
ㅐ	ㅒ	ㅔ	ㅖ	ㅘ	ㅙ	ㅚ	ㅝ	ㅞ	ㅟ	ㅢ

反切表

日本の五十音図にあたる母音と子音の組み合わせを示した表です。

母音 子音	ㅏ「a」	ㅑ「ja」	ㅓ「ɔ」	ㅕ「jɔ」	ㅗ「o」	ㅛ「jo」	ㅜ「u」	ㅠ「ju」	ㅡ「ɯ」	ㅣ「i」
ㄱ「k/g」	가 カ	갸 キャ	거 コ	겨 キョ	고 コ	교 キョ	구 ク	규 キュ	그 ク	기 キ
ㄴ「n」	나 ナ	냐 ニャ	너 ノ	녀 ニョ	노 ノ	뇨 ニョ	누 ヌ	뉴 ニュ	느 ヌ	니 ニ
ㄷ「t/d」	다 タ	댜 ティャ	더 ト	뎌 ティョ	도 ト	됴 ティョ	두 トゥ	듀 ティュ	드 トゥ	디 ティ
ㄹ「r/l」	라 ラ	랴 リャ	러 ロ	려 リョ	로 ロ	료 リョ	루 ル	류 リュ	르 ル	리 リ
ㅁ「m」	마 マ	먀 ミャ	머 モ	며 ミョ	모 モ	묘 ミョ	무 ム	뮤 ミュ	므 ム	미 ミ
ㅂ「p/b」	바 バ	뱌 ビャ	버 ボ	벼 ビョ	보 ボ	뵤 ビョ	부 ブ	뷰 ビュ	브 ブ	비 ビ
ㅅ「s/ʃ」	사 サ	샤 シャ	서 ソ	셔 ショ	소 ソ	쇼 ショ	수 ス	슈 シュ	스 ス	시 シ
ㅇ「無音/ŋ」	아 ア	야 ヤ	어 オ	여 ヨ	오 オ	요 ヨ	우 ウ	유 ユ	으 ウ	이 イ
ㅈ「tʃ/dʒ」	자 チャ	쟈 チャ	저 チョ	져 チョ	조 チョ	죠 チョ	주 チュ	쥬 チュ	즈 チュ	지 チ
ㅊ「tʃʰ」	차 チャ	챠 チャ	처 チョ	쳐 チョ	초 チョ	쵸 チョ	추 チュ	츄 チュ	츠 チュ	치 チ
ㅋ「kʰ」	카 カ	캬 キャ	커 コ	켜 キョ	코 コ	쿄 キョ	쿠 ク	큐 キュ	크 ク	키 キ
ㅌ「tʰ」	타 タ	탸 ティャ	터 ト	텨 ティョ	토 ト	툐 ティョ	투 トゥ	튜 ティュ	트 トゥ	티 ティ
ㅍ「pʰ」	파 パ	퍄 ピャ	퍼 ポ	펴 ピョ	포 ポ	표 ピョ	푸 プ	퓨 ピュ	프 プ	피 ピ
ㅎ「h」	하 ハ	햐 ヒャ	허 ホ	혀 ヒョ	호 ホ	효 ヒョ	후 フ	휴 ヒュ	흐 フ	히 ヒ

・次のハングルを書いてみましょう。

ㄱ	カバン 가 방		家具 가 구	
ㄴ	国 나 라		木 나 무	
ㄷ	茶道 다 도		都市 도 시	
ㄹ	レモン 레 몬		ラーメン 라 면	
ㅁ	帽子 모 자		毎日 매 일	
ㅂ	海 바 다		蝶 나 비	
ㅅ	先生 선 생 님		山 산	
ㅇ	野球 야 구		子供 아 이	
ㅈ	地球 지 구		記者 기 자	
ㅊ	汽車 기 차		机 책 상	
ㅋ	コーヒー 커 피		カード 카 드	
ㅌ	土曜日 토 요 일		フレーム 테	
ㅍ	波 파 도		手紙 편 지	
ㅎ	学生 학 생		湖 호 수	

第4課　パッチム（終音）받침

パッチム「받침」とは、動詞
「받치다（支える）」の名詞形で
す。ここでは「子音（初音）」＋
「母音（中音）」＋「子音（終
音）」の組み合わせについて学習し
ます。
パッチムは、（初音）と（中音）と
いう2つの音を下で支えています。

CD 7

子音　　　밤　　　母音
（初音）←　　　→（中音）

→パッチム

子音
（終音）

박　받　밥　반　밤　방　발

① 박 「ㄱ」ㄱ ㅋ ㄲ	책（本）、역（駅） 부엌（キッチン） 밖（外）
② 받 「ㄷ」ㄷ ㅌ ㅅ ㅆ ㅈ ㅊ ㅎ	곧（すぐ） 밭（畑） 옷（服） 있다（ある） 낮（昼） 낯（顔） 좋다（良い）
③ 밥 「ㅂ」ㅂ ㅍ	밥（ご飯）、입（口） 집（家） 잎（葉）、옆（横）

終音（パッチム）

発　音	1文字パッチム	2文字パッチム
① ㄱ	ㄱ ㅋ ㄲ	ㄳ ㄺ
② ㄷ	ㄷ ㅌ ㅅ ㅆ ㅈ ㅉ ㅎ	
③ ㅂ	ㅂ ㅍ	ㅄ ㅍ ㄼ
④ ㄴ	ㄴ	ㄵ ㄶ
⑤ ㅁ	ㅁ	ㄻ
⑥ ㅇ	ㅇ	
⑦ ㄹ	ㄹ	ㄽ ㄾ ㅀ ㄿ

④ 반 「ㄴ」	반（ 半 ） 산（ 山 ） 눈（ 目 ） 언어（ 言語 ）
⑤ 밤 「ㅁ」	밤（ 栗 ）、（ 夜 ） 김（ 海苔 ） 봄（ 春 ） 잠（ 眠り ）
⑥ 방 「ㅇ」	방（ 部屋 ） 상（ 賞 ） 강（ 川 ） 종（ 鐘 ）
⑦ 발 「ㄹ」	발（ 足 ） 물（ 水 ） 달（ 月 ） 말（ 言葉 ）、（ 馬 ）

発音の変化

2文字パッチム	発音	例
① ㄳ	ㄱ	몫 (목)　넋 (넉)
② ㄺ	ㄱ	흙 (흑)　읽 (익)　맑 (막)
③ ㄵ	ㄴ	앉 (안)
④ ㄶ	ㄴ	많 (만)　찮 (찬)
⑤ ㄼ	ㄹ	넓 (널)
⑥ ㄽ	ㄹ	곬 (골)
⑦ ㄾ	ㄹ	핥 (할)
⑧ ㅀ	ㄹ	싫 (실)　옳 (올)
⑨ ㄻ	ㅁ	삶 (삼)　젊 (점)
⑩ ㅄ	ㅂ	값 (갑)　없 (업)
⑪ ㄿ	ㅂ	읊 (읍)

発音のルール	例
1. 連音化	한국어 (한구거) 韓国語、　꽃이 (꼬치) 花が
2. 有声音化	기자　記者、　　구두　靴
3. 口蓋音化	같이 (가치) 一緒に、　밭이 (바치) 畑が
4. 濃音化	듣다 (듣따) 聞く、　녹다 (녹따) 溶ける
5. 激音化	입학 (이팍) 入学、　좋다 (조타) いい
6. 鼻音化	국물 (궁물) 汁、　십만 (심만) 十万
7. 舌側音化	신라 (실라) 新羅、　설날 (설랄) 元旦

1．書いてみましょう。

例：ㅂ＋ㅏ＋ㅁ＝　밤　（栗／夜）

練習：

① ㄷ＋ㅏ＋ㄹ＝ ☐ （月）　⑥ ㅊ＋ㅐ＋ㄱ＝ ☐ （本）

② ㅇ＋ㅕ＋ㅍ＝ ☐ （横）　⑦ ㅁ＋ㅜ＋ㄹ＝ ☐ （水）

③ ㅈ＋ㅣ＋ㅂ＝ ☐ （家）　⑧ ㅂ＋ㅏ＋ㄲ＝ ☐ （外）

④ ㅂ＋ㅕ＋ㄹ＝ ☐ （星）　⑨ ㄱ＋ㅏ＋ㅇ＝ ☐ （川）

⑤ ㅂ＋ㅗ＋ㅁ＝ ☐ （春）　⑩ ㅅ＋ㅏ＋ㄴ＝ ☐ （山）

2．辞書の引き方

韓日辞典で単語を引くときは、最初の文字の初音 → 中音 → 終音の順番で引きます。文字の初音（子音）→ 中音（母音）→ 終音（子音）順番です。

①初音（子音）の順番

ㄱ ㄲ ㄴ ㄷ ㄸ ㄹ ㅁ ㅂ ㅃ ㅅ ㅆ ㅇ ㅈ ㅉ ㅊ ㅋ ㅌ ㅍ ㅎ

②中音（母音）の順番

ㅏ ㅐ ㅑ ㅒ ㅓ ㅔ ㅕ ㅖ ㅗ ㅘ ㅙ ㅚ ㅛ ㅜ ㅝ ㅞ ㅟ ㅠ ㅡ ㅢ ㅣ

③終音（子音）の順番

ㄱ ㄲ ㄳ ㄴ ㄵ ㄶ ㄷ ㄹ ㄺ ㄻ ㄼ ㄽ ㄾ ㄿ ㅀ ㅁ ㅂ ㅄ ㅅ ㅆ ㅇ
ㅈ ㅊ ㅋ ㅌ ㅍ ㅎ

次の単語を調べてみましょう。

① 사전（辞典）　② 대학（大学）　③ 눈（雪）　④ 친구（友達）　⑤꽃（花）

第2部　文法と会話

第5課 あいさつ 안녕하세요？

CD 8

김영미	:	안녕하세요？
혼다히로시	:	안녕하십니까？
김영미	:	처음 뵙겠습니다.
		김영미입니다.
혼다히로시	:	반갑습니다.
		혼다 히로시입니다.
김영미	:	저는 한국 사람입니다.
		유학생입니다.
		앞으로 잘 부탁합니다.
혼다히로시	:	저는 일본인입니다.
		대학생입니다.
		잘 부탁합니다.

第5課　　　あいさつ

金英美　　　　：　こんにちは。

本田ヒロシ　：　こんにちは。

金英美　　　　：　はじめまして、
　　　　　　　　　キムヨンミです。

本田ヒロシ　：　お会いできて嬉しいです。
　　　　　　　　　本田ヒロシです。

金英美　　　　：　私は韓国人です。
　　　　　　　　　留学生です。
　　　　　　　　　これからどうぞよろしくお願いします。

本田ヒロシ　：　私は日本人です。
　　　　　　　　　大学生です。
　　　　　　　　　どうぞよろしくお願いします。

主な単語と表現

・인사
　あいさつ

・안녕하세요? ／ 안녕하십니까?
　おはようございます・こんにちは
　こんばんは

・처음 뵙겠습니다
　はじめまして
　（はじめてお目にかかります）

・저
　私、わたくし（目上の人に対して
　自分のことを言う際の謙譲表現）

・나 ／ 私
　（同等・目下の人に対しての表現）

・〜는 ／ 〜は

・입니다
　です

・반갑습니다
　（お会いできて）嬉しいです

・한국사람　／　한국인
　韓国人

・유학생
　留学生

・앞으로
　これから

・잘 부탁합니다
　どうぞ よろしくお願いします

・일본사람　／　일본인
　日本人

・대학생
　大学生

１．안녕하세요?　안녕하십니까?　（こんにちは）

「안녕하세요?」は、朝、昼、夜いつでも使えるあいさつです。

「안녕하십니까?」は、「안녕하세요?」より、丁寧なあいさつです。

「안녕?」は、友だちの間に使える簡単なあいさつです。

２．〜은　／　〜는　（〜は）

「〜은　／　〜는」「は」は、主題を表す助詞です。

名詞の最後にパッチムがある場合は「〜은」をつけます。

名詞の最後にパッチムがない場合は「〜는」をつけます。

例：　학생은（学生は）
　　　학교는（学校は）

練習：次の（　　　）の中の正しい方に〇をつけましょう。

①일본　日本（는・은）　　　　②나　　私　　　（는・은）

③도쿄　東京（는・은）　　　　④선생님　先生（는・은）

⑤회사　会社（는・은）　　　　⑥연필　　鉛筆（는・은）

３．〜입니다。　（〜です）

名詞に「〜입니다」をつけると、「〜です」の意味になります。

名詞のパッチムの有無に関係なくつけます。

日本語の「〜だ」にあたる「〜이다」の丁寧な形です。

例：회사원　＋　입니다。→　회사원입니다。（会社員です。）
　　대학생　＋　입니다。→　대학생입니다。（大学生です。）

練習：例にならって「〜입니다」と言ってみましょう。

① （自分の名前）　　　→（　　　　　　　　　　　　）

②친구（友だち）　　　→（　　　　　　　　　　　　）

③일본사람（日本人）　→（　　　　　　　　　　　　）

④학교（学校）　　　　→（　　　　　　　　　　　　）

4. ～입니까? （ ～ですか? ）

名詞に「～입니까?」をつけると、疑問文「～ですか? 」の意味になります。

例：대학생 ＋ 입니까? → 대학생입니까? （ 大学生ですか? ）
　　서울　 ＋ 입니까? → 서울입니까? 　（ ソウルですか? ）

練習：例にならって「～입니까?」と言ってみましょう。
①전화(電話)　　　　　→ (　　　　　　　　　　　)
②도쿄(東京)　　　　　→ (　　　　　　　　　　　)
③학교(学校)　　　　　→ (　　　　　　　　　　　)
④교실(教室)　　　　　→ (　　　　　　　　　　　)
⑤시계(時計)　　　　　→ (　　　　　　　　　　　)

5. あいさつ（ 別れるとき ）

例：(去る人に) さようなら。
　　안녕~. 　안녕히 가세요. 　안녕히 가십시오.

例：(その場に残る人に) さようなら。
　　안녕~. 　안녕히 계세요. 　안녕히 계십시오.

・ 次のハングルを書いてみましょう。

안	녕	하	세	요	?		저	는		대	학	생	입	니

다	.	안	녕	히	가	세	요	.		안	녕	히	계	세	요

・ 話してみましょう。

あいさつや自己紹介をしてみましょう。

6．友達の生まれた季節を聞いてみましょう。

　　　例：태어난 계절은 언제입니까？
　　　　　（ 生まれた季節はいつですか？ ）

　　　練習：（ 봄 ）입니다.　따뜻합니다.
　　　　　　（ 春 ） です。　　暖かいです。

　　　　　　（ 가을 ）입니다. 선선합니다.
　　　　　　（ 秋 　 ） です。　涼しいです。

계절(季節)

봄 （ 春 ）		따뜻하다 (暖かい) 따뜻합니다 따뜻해요
여름 （ 夏 ）		덥다 (暑い) 덥습니다 더워요
가을 （ 秋 ）		선선하다 (涼しい) 선선합니다 선선해요
겨울 （ 冬 ）		춥다 (寒い) 춥습니다 추워요

7．自分の出身地を言ってみましょう。
　　また、友達の出身地を聞いてみましょう。

　　練習：（ 오카야마 ）입니다.
　　　　　（ 히로시마 ）입니다.

第6課　趣味は何ですか？ 취미는 무엇입니까?

CD 9

오노에리카　　　：장민수 씨, 취미는 무엇입니까？

장민수　　　　　：여행입니다.

　　　　　　　　　사진도 좋아해요.

　　　　　　　　　에리카 씨의 취미는 뭐예요？

오노에리카　　　：「플룻」하고「피아노」입니다.

장민수　　　　　：노리코 씨의 취미는 뭐예요？

스즈키노리코　　：영화 감상입니다.

장민수　　　　　：무슨 영화를 좋아합니까？

스즈키노리코　　：「겨울연가」예요.

장민수　　　　　：아　그래요？　재미있어요？

스즈키노리코　　：네, 재미있어요.

第6課　　趣味は何ですか？

小野エリカ　　：ジャン・ミンスさん、趣味は何ですか？
張民秀　　　　：旅行です。
写真も好きです。
エリカさんの趣味は何ですか？
小野エリカ　　：「フルート」と「ピアノ」です。
張民秀　　　　：ノリコさんの趣味は何ですか？
鈴木ノリコ　　：映画鑑賞です。
張民秀　　　　：何の映画が好きですか？
鈴木ノリコ　　：「冬のソナタ」です。
張民秀　　　　：あ、　そうですか？　　面白いですか？
鈴木ノリコ　　：はい、　面白いです。

主な単語と表現

- 취미
  趣味
- 무엇입니까?
  何ですか？
- 여행
  旅行
- 사진
  写真
- 〜도　／　〜も
- 좋아해요?
  好きですか？
- 뭐예요？
  何ですか？
- 무슨　／　何の

- 「플룻」하고「피아노」
  「フルート」と「ピアノ」
- 영화를　／　映画を
- 좋아합니까？
  好きですか？
- 겨울　／　冬
- 겨울 연가 ／　冬のソナタ
- 아　／　あ
- 그래요？
  そうですか？
- 재미있어요？
  面白いですか？
- 네　／　はい、
- 재미있어요　／　面白いです

1．～이에요 ／ ～예요 （ ～ です ）

「～です」にあたるハングルは「입니다」です。第5課に出ています。

「～이에요」「～예요」は、口語形です。

前に来る単語にパッチムがある場合は「～이에요」、

パッチムがない場合は「～예요」が使われます。

例：가방이에요. （ カバン ）　　 불고기예요 （ 焼き肉 ）

練習：「～이에요」、「～예요」正しい方に〇をつけましょう。

①신문 (新聞) (이에요・예요)　　②테니스 (テニス) (이에요・예요)

③가수 (歌手) (이에요・예요)　　④오카야마 (岡山) (이에요・예요)

⑤시계 (時計) (이에요・예요)　　⑥서울 　(ソウル) (이에요・예요)

2．무엇입니까?　（ 何ですか? ）

「무엇」は「何」の意味の疑問詞です。

「입니까?」を付けて丁寧な疑問形になります。

例：무엇입니까?　　　　（ 何ですか？　　 ）

　　컴퓨터입니다.　　（ パソコンです。）

練習：例にならって「～입니다」と言ってみましょう。

　　　　①볼펜 （ボールペン） → （　　　　　　　　　）

　　　　②사진 （写真）　　　 → （　　　　　　　　　）

　　　　③안경 （メガネ）　　 → （　　　　　　　　　）

3．～씨 ／ ～님 （ ～さん ／ ～様 ）

フルネーム或いは下の名前の後に付けます。

答えは、ふつうの時、　네. (はい)

　　　　　　格式のある時、예. (はい)

例：장미주씨　　（ ジャン・ミジュさん）

　　이기영씨　　（ イ・ギョンさん）

練習：「～씨」を付けてお名前を言ってみましょう。

4．〜하고　（〜と）

「〜と」にあたるハングルは「〜하고　／　〜과／〜와」です。

例：책하고 노트　（本とノート）　연필하고 펜　（鉛筆とペン）

練習：例にならって「〜하고」と言ってみましょう。
①사진・엘범（写真・アルバム）　②신문・잡지（新聞・雑誌）
③도쿄・서울（東京・ソウル）　④사과・배　（りんご・梨）

5．뭐예요?　（何ですか？）

「뭐」は「何」という意味の「무 + 어」の疑問詞です。
名詞に「〜は」にあたる助詞を付けて会話をしてみましょう。

例：1. 취미는 뭐예요?　　（趣味は何ですか？）
　　2. 직업은 뭐예요?　　（職業は何ですか？）
　　3. 전공은 뭐예요?　　（専攻は何ですか？）
　　4. 좋아하는 음식은 뭐예요?　　（好きな食べ物は何ですか？）

5-1.「趣味」について会話をしてみましょう。

例：취미는 뭐예요?　　（趣味は何ですか？　）
　　원예입니다.　　　（ガーデニングです。）

취미「趣味」

①테니스	「テニス」	②사진	「写真」
③회화	「絵画」	④요리	「料理」
⑤야구	「野球」	⑥원예	「ガーデニング」
⑦음악연주	「音楽演奏」	⑧독서	「読書」
⑨다도	「茶道」	⑩꽃꽂이	「生花」
⑪종이접기	「折り紙」	⑫컴퓨터	「パソコン」
⑬골프	「ゴルフ」	⑭영화감상	「映画鑑賞」
⑮드라이브	「ドライブ」	⑯바둑	「囲碁」
⑰캠프	「キャンプ」	⑱등산	「登山」
⑲여행	「旅行」	⑳음악감상	「音楽鑑賞」

5-2.「職業」について会話をしてみましょう。

例：직업은 뭐예요?　　（ 職業は何ですか？）
　　디자이너입니다.　　（ デザイナーです。）

직업「職業」

①회사원	「会社員」	②건축사	「建築士」
③드라이버	「ドライバー」	④의사	「医師」
⑤간호사	「看護師」	⑥화가	「画家」
⑦공무원	「公務員」	⑧정치가	「政治家」
⑨학생	「学生」	⑩여행가이드	「旅行ガイド」
⑪디자이너	「デザイナー」	⑫영화감독	「映画監督」
⑬연예인	「芸能人」	⑭모델	「モデル」
⑮엔지니어	「エンジニア」	⑯가수	「歌手」
⑰음악가	「音楽家」	⑱교사	「教師」
⑲변호사	「弁護士」	⑳보모	「保母」

5-3.「専攻」について会話をしてみましょう。

例：전공은 뭐예요?　　　（ 専攻は何ですか？）
　　정보통신공학입니다.　（ 情報通信工学です。）

전공「専攻」

①언어문화학	「言語文化学」	②현대복지학	「現代福祉学」
③영양학	「栄養学」	④식물학	「食物学」
⑤사회복지학	「社会福祉学」	⑥물리학	「物理学」
⑦영문학	「英文学」	⑧경영학	「経営学」
⑨환경과학	「環境科学」	⑩건축학	「建築学」
⑪의학	「医学」	⑫디자인학	「デザイン学」
⑬경제학	「経済学」	⑭공예공업학	「工芸工業学」
⑮아동학	「こども学」	⑯보건복지학	「保健福祉学」
⑰간호학	「看護学」	⑱스포츠공학	「スポーツ工学」
⑲비쥬얼학	「ビジュアル学」	⑳디자인공학	「デザイン工学」

5-4. 「好きな食べ物」について会話をしてみましょう。

例：좋아하는 음식은 뭐예요?　　（ 好きな食べ物は何ですか？）
샤브샤브입니다.　　　　　　（ しゃぶしゃぶです。）

음식「食べ物」

김치(キムチ)

깍두기(カクテギ)

갈비(カルビ)

삼계탕(参鶏湯)

떡국(トックッ)

부침(チヂミ)

돌솥비빔밥
(石焼きビビンバ)

냉면(冷麺)

마른구절판
(マルングゾルパン)

신선로
(シンソンロ)

진구절판
(ジングゾルパン)

불고기
(ブルゴギ)

샤브샤브
(しゃぶしゃぶ)

수시(寿司)

두부찌게
(豆腐チゲ)

해물탕
(海産物チゲ)

송편(松餅)

팥빙수(あずき氷)

인삼차(人参茶)

김밥(のり巻き)

第7課　訪問　방문

박영미　　　　: 누구세요 ?

키무라유우키 : 실례합니다.

　　　　　　　키무라입니다.

박영미　　　　: 유우키 씨,

　　　　　　　어서 오세요.

키무라유우키 : 오래간만입니다.

　　　　　　　이것은 선물이에요.

박영미　　　　: 어머나, 고맙습니다.

키무라유우키 : 좋아하는 꽃입니다.

박영미　　　　: 참, 예쁘네요.

　　　　　　　대단히 감사합니다.

CD 10

第 7 課　訪問

朴英美　　　：　どなたですか？
木村ユウキ：　失礼します。
　　　　　　　　木村です。
朴英美　　　：　ユウキさん
　　　　　　　　どうぞ、お入りください。
木村ユウキ：　おひさしぶりです。
　　　　　　　　これはプレゼントです。
朴英美　　　：　あらまあ　ありがとうございます。
木村ユウキ：　好きな花です。
朴英美　　　：　とてもきれいですね。
　　　　　　　　どうもありがとうございます。

主な単語と表現

- 방문
  訪問
- 누구세요?
  どなたですか?
- 실례합니다
  失礼します
- ～씨
  ～さん
- 어서 오세요
  どうぞ、お入りください
  いらっしゃい
- 어서 오십시오
  いらっしゃいませ
- 오래간만입니다
  おひさしぶりです
- 이것은
  これは

- 선물
  プレゼント
- 좋아하는
  好きな
- 꽃
  花
- 참
  とても
- 예쁘네요
  きれいですね
- 예쁘다
  基本形 : きれい
- 대단히
  どうも
- 감사합니다
  고맙습니다
  ありがとうございます。

１．指示詞

指示詞は、日本語とほぼ同じで大きく、４つに区分されます。
「こ、そ、あ、ど」は、ハングル「이、그、저、어느」にあたります。
「これ、それ、あれ、どれ」は、「이것、그것、저것、어느것」になります。「これは、それは、あれは、どれ」は、「이것은、그것은、저것은、어느것」になります。

この	이	この人	이 사람	これ	이것
その	그	その人	그 사람	それ	그것
あの	저	あの人	저 사람	あれ	저것
どの	어느	どの人	어느 사람	どれ	어느 것

例：　이것은　／　그것은　／　저것은　＋　뭐예요?
　　（ これは　／　それは　／　あれは　＋　何ですか？）
　　　이것은　가방입니다.　（ これは　カバンです。）

練習：例にならって「〜뭐예요?」「〜입니다」で答えてみましょう。
　①맥주（ビール）　　　②나비（ちょうちょ）
　③방（部屋）　　　　　④컵（コップ）
　⑤복숭아（桃）　　　　⑥수첩（手帳）

場所を表す指示詞

場所を表す指示詞は、４つあります。여기「ここ」、거기「そこ」、저기「あそこ」、어디「どこ」４つあります。

여기	ここ	여기는 서울역입니다.	ここはソウル駅です。
거기	そこ	거기는 병원입니다.	そこは病院です。
저기	あそこ	저기는 시청입니다.	あそこは市役所です。
어디	どこ	명동은 어디입니까?	明洞はどこですか？

練習：日本語を見ながら適切なハングルを書いてみましょう。

①화장실은　（　　　　）입니까?（お手洗いは<u>どこ</u>ですか？）

②학교는　（　　　　）입니다.（学校は<u>ここ</u>です。）

③방은　（　　　　）입니다.（部屋は<u>あそこ</u>です。）

④（　　　　）은 나의 가방입니까?（<u>それ</u>は私のカバンですか？）

⑤（　　　　）는 미술관입니다.（<u>ここ</u>は美術館です。）

2．位置を表すことば

　～에（～に）、～에서（～で）になります。

　ハングルでは「家の横」の「～の」にあたる「～의」などの助詞は省略します。

앞（前）

뒤（後ろ）

위（上）

사이（間）

옆（横）

아래 / 밑（下）

안 / 속（中）

밖（外）

2-1. その他の位置を表すことば

동 (東) 、 서 (西) 、 　 남 (南) 、 　 북 (北)

오른쪽 (右側) 、 　 왼쪽 (左側)

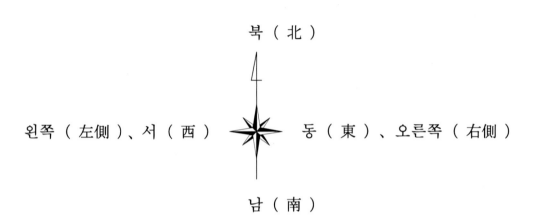

북 (北)

왼쪽 (左側) 、서 (西) 　 　 동 (東) 、 오른쪽 (右側)

남 (南)

例 : 책상위에있습니다. （机の<u>上</u>にあります。）
　　가방안에있습니다. （カバンの<u>中</u>にあります。）

　練習：日本語を見ながら適切なハングルを書いてみましょう。
　　①집　（　　　）에 있습니다.　　（家の<u>前</u>にあります。）
　　②집　（　　　）에 있습니다.　　（家の<u>横</u>にあります。）
　　③집　（　　　）에 있습니다.　　（家の<u>後ろ</u>にあります。）
　　④책상（　　　）에 있습니다.　　（机の<u>下</u>にあります。）
　　⑤책상（　　　）에 있습니다.　　（机の<u>右側</u>にあります。）
　　⑥책상（　　　）에 있습니다.　　（机の<u>左側</u>にあります。）
　　⑦꽃　（　　　）에 있습니다.　　（お花の<u>上</u>にあります。）
　　⑧꽃　（　　　）에 있습니다.　　（お花の<u>前</u>にあります。）

3．「好きな花」について会話をしてみましょう。

例：이꽃은 뭐예요?　　（この花は何ですか?）
　　장미입니다.　　　　（バラです。）

꽃「花」

장미
（バラ）

해바라기
（ヒマワリ）

코스모스
（コスモス）

카네이션
（カーネーション）

창포
（アヤメ）

수선화
（スイセン）

튜울립
（チューリップ）

수국
（アジサイ）

목련
（モクレン）

철쭉
（ツツジ）

나팔꽃
（アサガオ）

민들레
（タンポポ）

무궁화
（ムクゲ）

은방울꽃
（スズラン）

벚꽃
（サクラ）

거베라
（ガーベラ）

신비디움
（シンビジューム）

연꽃
（レンゲ）

개나리
（レンギョウ）

국화
（キク）

第8課　空港で　공항에서

나카노타로우 : 여보세요,
　　　　　　　　　나카노입니다.
　　　　　　　　　여기는 인천공항입니다.

CD 11

김이화　　　 : 타로우 씨,
　　　　　　　　　전화 감사합니다.
　　　　　　　　　몇 시 출발이에요?

나카노타로우 : 3시출발입니다.
　　　　　　　　　아직 시간이있어요.

김이화　　　 : 다음은 나고야에서 만나요.
　　　　　　　　　안녕히 가세요.

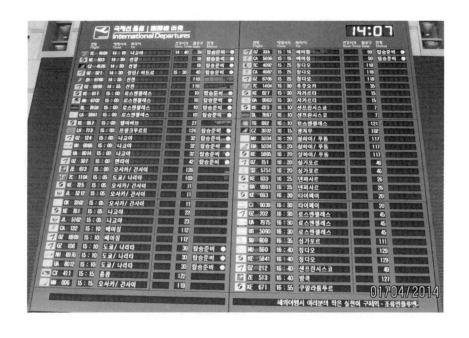

第 8 課　　空港で

中野太郎　　：　もしもし、
　　　　　　　　ナカノです。
　　　　　　　　仁川（インチョン）空港です。

金梨花　　　：　タロウさん、
　　　　　　　　電話ありがとうございます。
　　　　　　　　何時、出発ですか？

中野太郎　　：　３時出発です。
　　　　　　　　まだ、時間あります。

金梨花　　　：　次は、名古屋で会いましょう。
　　　　　　　　さようなら。

主な単語と表現

- 인천공항
  仁川（インチョン）空港

- ····· 에서
  ····· で

- 여보세요
  もしもし

- 여기는
  ここは

- 전화
  電話

- 아직
  まだ

- 시간
  時間

- 있어요
  あります

- 몇시
  何時

- 출발
  出発

- 3시
  3時

- 다음은
  次は

- 나고야
  名古屋

- 만나요
  会いましょう

- 안녕히 가세요
  안녕히 계세요
  さようなら

1. ～이 ／ ～가 （～が）

「 ～이 ／～가 」「が」は、助詞です。前の名詞の最後にパッチムがある場合は「～이」、パッチムがない場合は「～가」をつけます。

例：　서울이 （ ソウルが ）　　　　　회의가 （会議が）

練習：（　　　）の中の正しい方に〇をつけましょう。
①전화　電話 （이・가）　　②모자　　帽子 （이・가）
③도쿄　東京 （이・가）　　④선생님　先生 （이・가）
⑤회사　会社 （이・가）　　⑥학생　　学生 （이・가）

2. ～ 있어요. （ ～ あります。います。 ）
　　～ 있습니다. （～あります。います。 ）

存在詞「있어요」は、インフォーマルでやわらかい言い方です。
「있습니다」は、丁寧な表現です。

例：가방이 있어요?　（ カバンがありますか？）
　　가방이 있어요.　　（ カバンがあります。）
　　가방이 있습니다.　（ カバンがあります。）

練習：例にならって「～있어요」「～있습니다」と言ってみましょう。
①사진이 （写真が）　　　　②책이 （本が）
③커피가 （コーヒーが）　　④회의가 （会議が）
⑤신문이 （新聞が）　　　　⑥애인이 （恋人が）

3. ～없어요. （ ～ ありません。いません。 ）
　　～없습니다. （ ～ ありません。いません。 ）

「없어요」は、インフォーマルでやわらかい言い方で、「없습니다」は、丁寧な表現です。

例：컴퓨터가 없어요?　（ パソコンがありませんか？）
　　컴퓨터가 없어요.　　（ パソコンがありません。）
　　컴퓨터가 없습니다.　（ パソコンがありません。）

練習：例にならって「〜없어요.」「〜없습니다.」と言ってみましょう。

①사진이 （写真が）　　　②책이 （本が）

③커피가 （コーヒーが）　　④회의가 （会議が）

⑤신문이 （新聞が）　　　⑥애인이 （恋人が）

４．固有数詞

日本語には「ひとつ、ふたつ、みっつ…」という数え方と、「いち、に、さん…」という数え方があります。ハングルにも２種類の数え方があります。時、時間の場合は「ひとつ、ふたつ…」のような固有数詞の数え方を使います。

CD 12

1	하나 (한)	11	열하나	21	스물하나	40	마흔
2	둘 （두）	12	열둘	22	스물둘	50	쉰
3	셋 （세）	13	열셋	23	스물셋	60	예순
4	넷 （네）	14	열넷	24	스물넷	70	일흔
5	다섯	15	열다섯	25	스물다섯	80	여든
6	여섯	16	열여섯	26	스물여섯	90	아흔
7	일곱	17	열일곱	27	스물일곱	100	백
8	여덟	18	열여덟	28	스물여덟	千	천
9	아홉	19	열아홉	29	스물아홉	万	만
10	열	20	스물(스무)	30	서른	億	억

5．時間の言い方

「～時」の場合は「한 시、두 시…」のような固有数詞を使います。

例 : **지금 몇 시입니까?　　3시입니다.**
　　今　何時ですか？　　3時です。

열두 시
열한 시　　　　한 시
열 시　　　　　　　두 시
아홉 시　　　　　　세 시
여덟 시　　　　　　네 시
일곱 시　　　　다섯 시
여섯 시

練習 : 例にならって「～ 시입니다.」と時間を言ってみましょう。

①5시　　　　②12시　　　　③8시　　　　④10시

6．時間を聞いて時計の針をかいてみましょう。

①
　　　　　열두 시
　열한 시　　　　한 시
　열 시　　　　　　　두 시
아홉 시　　　・　　　세 시
여덟 시　　　　　　네 시
　일곱 시　　　　다섯 시
　　　　여섯 시

②
　　　　　열두 시
　열한 시　　　　한 시
　열 시　　　　　　　두 시
아홉 시　　　・　　　세 시
여덟 시　　　　　　네 시
　일곱 시　　　　다섯 시
　　　　여섯 시

7. ～ 부터 ～ 까지 （～ から ～ まで）

1) 時間の場合は「～부터～까지 / ～から～まで」を使い、
2) 場所の場合は「～에서～까지 / ～から～まで」を使います。

1) 時間の場合

例：

①5 시・9 시　→　5시부터 9시까지 （ 5時から9時まで ）

②오전・오후　→　오전부터 오후까지 （ 午前から午後まで ）

練習：例にならって「～부터～까지 」と言ってみましょう。

①3 시・6 시　→

②10시・12시　→

③저녁・아침　→

2) 場所の場合

例：

①집　・학교　→　집에서 학교까지 （ 家から学校まで ）

②공항・집　　→　공항에서 집까지 （ 空港から家まで ）

練習：例にならって「～에서～까지 」と言ってみましょう。

①집　・역　　→

②공항・호텔　→

③호텔・공항　→

8. 次のハングルを書いてみましょう。

나	는		오	전	부	터		오	후	까	지		한

국	어		공	부	를		합	니	다	.			

第 9 課　レストランで　레스토랑에서

CD 13

점　원 : 무엇을 주문하시겠습니까 ?

손　님 : 불고기 하고 돌솥 비빔밥을 주세요.

점　원 : 돌솥이 매우 뜨겁습니다.

　　　　조심하세요.

　　　　맛있게 드십시오.

손　님 : 미안합니다.

　　　　물 주세요.

점　원 : 여기 물 있습니다.

손　님 : 고맙습니다.

점　원 : 맛있게 드셨습니까 ?

손　님 : 네, 잘 먹었습니다.

점　원 : 대단히 감사합니다.

第9課　　レストランで

店　員　：　何を注文なさいますか？

お　客　：　ブルゴギと石焼きビビンバを下さい。

店　員　：　石鍋がとても熱いです。

　　　　　　気を付けて下さい。

　　　　　　おいしく召し上がって下さい。

お　客　：　すみません。　水を下さい。

店　員　：　どうぞ。

お　客　：　ありがとうございます。

店　員　：　おいしく召し上がりましたか？

お　客　：　はい、ごちそうさまでした。

店　員　：　どうもありがとうございました。

主な単語と表現

- ·레스토랑에서
  　레ストランで
- ·무엇　／　何
- ·주문　／　注文
- ·하시겠습니까？
  　しますか？
- ·불고기
  　ブルゴギ
- ·돌솥 비빔밥
  　石焼きビビンバ
- ·무엇　／　何の
- ·주세요　／　ください
- ·매우　／　とても

- ·뜨겁습니다　／　熱いです
- ·조심하세요.
  　気を付けてください。
- ·맛있게　／　おいしく
- ·드십시오
  　召し上がってください
- ·미안합니다　／　すみません
- ·물　／　水
- ·여기　／　ここに
- ·드셨습니까？
  　召し上がりましたか？
- ·먹었습니다
  　ごちそうさまでした。

- 47 -

1．〜에서 ／ 〜で

「〜에서 」「〜で」は、ある動作を行われる場所を示す助詞です。

例：　도서관에서　（図書館で）
　　　공원에서　　（公園で）

練習：　CDを聞いてみましょう。
①서점에서（書店で）　　　　②역에서（駅で）
③병원에서（病院で）　　　　④학교에서（学校で）

2．〜 하고 ／ 〜 과／ 〜 와 （〜と）

「〜 하고 ／ 〜 과 ／ 〜 와 」「〜と」は、助詞です。
「〜 하고 」については、第６課に出ています。会話の中でよく用いられる「〜 하고 」は、前に来る名詞と関係なく使えます。
前の名詞の最後にパッチムがある場合は「〜과」、パッチムがない場合は「〜와」をつけます。

例：　나하고 동생　（私と弟）
　　　음악과 뉴스　（音楽とニュース）
　　　커피와 밀크　（コーヒーとミルク）

練習：　例にならって正しい番号に〇をつけましょう。
①일본과 한국（日本と韓国）　②도쿄과 시부야（東京と渋谷）
③영화와 음악（映画と音楽）　④나하고 언니　（私と姉）
⑤나과 친구　（私と友達）　⑥봄와 여름　　（春と夏）

3．〜을 ／ 〜를 （〜を）

「〜을 ／〜를」「〜を」は助詞です。前の名詞の最後にパッチムがある場合は「〜을」、パッチムがない場合は「〜를」をつけます。

例：음악을（音楽を）
　　사과를（リンゴを）
　　책을　（本を）

練習：　例にならって正しい番号に〇をつけましょう。

①버스를　（　バスを　）　　　　②한국어을　（　韓国語を　）

③리본을　（　リボンを　）　　　④야구를　　（　野球を　）

4．〜 주세요.　（〜ください。）

「名詞」＋「주세요」を付けて表現してみましょう。

例：전화 주세요.（電話ください。）

練習：「〜주세요」について読んでみましょう。

①메일 주세요.（メール）　　　②사진 주세요.（写真）

③티켓 주세요.（切符）　　　　④1장 주세요.（1枚）

5．尊敬語

韓国語では、尊敬語があります。「〜します」「〜합니다」動詞の後ろに 「시 / 으시」を入れると「〜される」「〜していらっしゃる」のように丁寧な表現になります。

```
        基本形              尊敬形
例：먹다.（食べる）  →  드시다. / 잡수시다.（召し上がる）
   있다.（いる）    →  계시다.（いらっしゃる）
   하다.（する）    →  하시다.（なさる）
```

6．대단히 ／ 매우 （とても ／ どうも ）

「대단히 ／ 매우」「とても ／ どうも」は、副詞です。

例：　대단히 감사합니다.（どうもありがとうございます。）
　　　매우 맛있어요.　　（とても美味しいです。）

練習：대단히 ／ 매우를 使って会話をしてみましょう。

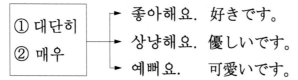

```
┌─────────┐  ┌─► 좋아해요. 好きです。
│ ① 대단히 │──┼─► 상냥해요. 優しいです。
│ ② 매우   │  └─► 예뻐요.   可愛いです。
└─────────┘
```

第10課　地下鉄で　지하철에서

CD 14

타나카테루 : 인사동에 가고 싶습니다만.
　　　　　　어떻게 갑니까 ?

승 객　　　: 여기에서 3호선으로 안국역까지 가세요.

타나카테루 : 고맙습니다.

타나카테루 : 실례합니다.
　　　　　　인사동으로 가려면 어디로 나갑니까 ?

승 객　　　: 6번 출구로 나가세요.

타나카테루 : 미술관은 어디에 있어요 ?

승 객　　　: 저기, 오른쪽에 보이는 건물입니다.

타나카테루 : 네, 감사합니다.

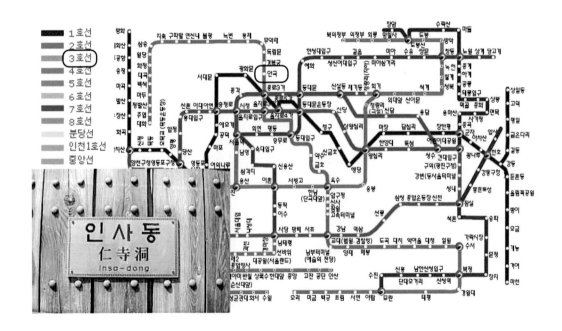

第 10 課　　地下鉄で

田中テル　：　仁寺洞（インサドン）へ行きたいのですが、

　　　　　　　どのように行きますか？

乗　客　　：　ここから 3 号線で、

　　　　　　　安国（アングク）駅まで行って下さい。

田中テル　：　ありがとうございます。

田中テル　：　失礼します。

　　　　　　　仁寺洞へ行くには、どこから出ますか？

乗　客　　：　6 番出口から出て下さい。

田中テル　：　美術館はどこにありますか？

乗　客　　：　あの、右側に見える建物です。

田中テル　：　はい、ありがとうございます。

主な単語と表現

- 인사동
  仁寺洞（インサドン）
- 가고 싶습니다만
  行きたいのですが、
  ～만、～しかしの意味
- 어떻게 ／ どのように
- 갑니까? ／ 行きますか？
- 여기에서 ／ ここから
- 3호선 ／ 3 号線
- 으로 ／ で
- 안국역
  安国（アングク）駅
- 까지 ／ まで

- 가세요 ／ 行ってください
- 실례합니다 ／ 失礼します
- 가려면 ／ 行くには
- 어디로 ／ どこに
- 나갑니까? ／ 出ますか？
- 출구 ／ 出口
- 나가세요 ／ 出て下さい
- 미술관 ／ 美術館
- 어디에 ／ どこに
- 있어요 ? ／ ありますか？
- 오른쪽 ／ 右側
- 보이는 ／ 見える
- 건물 ／ 建物

1．～에 （ ～へ ／ ～に ）

「～에 」「～へ／～に」は 方向や目的地、期間、人を指す助詞です。

例： 인사동에 （インサドンへ(に)）
여기에 （ ここに ）

練習： 発音を聞いてみましょう。
①서울에 （ソウルへ(に)）　　②어디에 （ どこに ）
③병원에 （ 病院に ）　　④몇시에 （ 何時に ）

2．～로 ／ ～으로 （～で）

「～로 ／ ～으로 」「～で」は、方法、手段、道具を表す助詞です。
前の単語の最後にパッチムがある場合は「～으로」、
パッチムがない場合は「～로」をつけます。但し、前の単語の最後が
「ㄹ」パッチムになる場合は例外です。

例： 인터넷으로 （インターネットで）
택시로 （ タクシーで ）

練習： 発音を聞いてみましょう。
①버스로 　（ バスで ）　　②일본어로 　（ 日本語で ）
③무엇으로 （ 何で ）　　④스푼으로 　（ スプーンで ）
⑤전철로 　（ 電鉄で ）　　⑥3호선으로 （ 3号線で ）

3．어떻게 갑니까? （ どのように　行きますか？ ）

「어떻게」は、疑問文を作る疑問副詞です。
「～갑니다」の「다」を取って代わりに「까」を付けます。

例： 어떻게 갑니까?
①신간선으로 갑니다. （ 新幹線で行きます。 ）

練習：例にならって「～ 갑니다」と答えてみましょう。
①지하철 （ 地下鉄 ）　　②1호선 （ 1号線 ）　　③배 （ 船 ）

4. 어디에　（どこに）＋　있어요?　（ありますか?　います か?）

「어디에」は　疑問副詞です。

例：　<u>인사동은</u> 어디에 있어요?（インサドンは　どこにありますか?）

　　<u>미술관은</u> 어디에 있어요?（美術館は　どこにありますか?）

練習：例にならって「어디에 있어요?」を使って話してみましょう。

①시부야는　（ 渋谷は ）　어디에 있어요?

②우체국은　（ 郵便局は ）어디에 있어요?

③병원은　　（ 病院は ）　어디에 있어요?

④은행은　　（ 銀行は ）　어디에 있어요?

⑤오카야마는　（ 岡山は ）어디에 있어요?

5. ～고 싶습니다.　（ ～ がしたいです。 ）

用言の語幹　＋　～고 싶습니다.

　　　　基本形
例：　가다.　　→ 가고 싶습니다.　（ 行きたいです。）

　　먹다.　　→ 먹고 싶습니다.　（ 食べたいです。）

練習：例にならって「～고 싶습니다」を使って話してみましょう。

①마시다. → 마시고 싶습니다. （ 飲みたいです。）

②만나다. → 만나고 싶습니다. （ 会いたいです。）

③하다.　 → 하고 싶습니다.　（ したいです。）

④놀다.　 → 놀고 싶습니다.　（ 遊びたいです。）

⑤읽다.　 → 읽고 싶습니다.　（ 読みたいです。）

第11課 何月何日ですか？ 몇 월 며칠입니까？

CD 15

모리마리코 : 오늘은 몇 월 며칠입니까 ?

이기영　　 : 11월 20일입니다.

모리마리코 : 기영 씨, 생일은 언제입니까 ?

이기영　　 : 저는 십이 월 이십오 일입니다.

모리마리코 : 어머나, 크리스마스예요.

이기영　　 : 마리코씨, 생일은 언제예요 ?

모리마리코 : 저는 4월 30일입니다.

이기영　　 : 따뜻한 봄이군요.

모리마리코 : 한국에도 봄, 여름, 가을, 겨울이 있습니까 ?

이기영　　 : 네, 사계절이 있습니다.

第11課　　　何月何日ですか？

森　マリコ　：　今日は 何月何日ですか？

李　キヨン　：　11 月 20 日です。

森　マリコ　：　キヨンさん、誕生日はいつですか？

李　キヨン　：　私は 12 月 25 日です。

森　マリコ　：　まあ、クリスマスですね。

李　キヨン　：　マリコさん、誕生日はいつですか？

森　マリコ　：　私は 4 月 30 日です。

李　キヨン　：　暖かい春ですね。

森　マリコ　：　韓国にも春、夏、秋、冬がありますか？

李　キヨン　：　はい、四季があります。

主な単語と表現

・오늘은 　今日は	・크리스마스 　クリスマス
・몇 월 ／ 何月	・4월 30일 　4 月 30 日
・며칠 ／ 何日	・따뜻한 　暖かい
・월 일 ／ 月日	
・생일 　誕生日	・봄 ／ 春
・언제 　いつ	・여름 ／ 夏
・십이 월 　12 月	・가을 ／ 秋
・이십오 일 　25 日	・겨울 ／ 冬
	・한국에도 　韓国にも
・어머나 ／ まぁ	・사계절 　四季

1．漢数詞

　ハングルは年、月、日の表現には、漢数詞が使われます。時間の場合は固有数詞の言い方で、「分」、「秒」の前には漢数詞を使います。

月の言い方　　　　　　　　　　　　　　　　　　CD 16

1月	일월	2月	이월	3月	삼월	4月	사월
5月	오월	6月	유월	7月	칠월	8月	팔월
9月	구월	10月	시월	11月	십일월	12月	십이월

数詞　　　　　　　　　　　　　　　　　　　　　CD 17

1	일	11	십일	21	이십일	40	사십
2	이	12	십이	22	이십이	50	오십
3	삼	13	십삼	23	이십삼	60	육십
4	사	14	십사	24	이십사	70	칠십
5	오	15	십오	25	이십오	80	팔십
6	육	16	십육	26	이십육	90	구십
7	칠	17	십칠	27	이십칠	100	백
8	팔	18	십팔	28	이십팔	千	천
9	구	19	십구	29	이십구	万	만
10	십	20	이십	30	삼십	億	억

＊第8課の4.固有数詞の数え方と比較して使い方を勉強しましょう。

２．「언제 」「いつ」

「언제 」「いつ」は、時間を尋ねる疑問代名詞です。

練習：「언제」を使って会話をしてみましょう。

①생일은 언제입니까? （ 誕生日はいつですか？ ）

②친구의 생일은 언제입니까? （ 友達の誕生日はいつですか？ ）

③형제의 생일은 언제입니까? （ 兄弟の誕生日はいつですか？ ）

３．오늘은 며칠입니까? （今日は何日ですか?）

練習： カレンダーを見て答えてみましょう。

①오늘은 며칠입니까?　　（ 今日は何日ですか？ ）

②어제는 며칠입니까?　　（ 昨日は何日ですか？ ）

③내일은 며칠입니까?　　（ 明日は何日ですか？ ）

４．電話番号の言い方

「の」にあたる電話番号の表現は「의」です。 ）

例：전화 번호는 몇 번입니까? （ 電話番号は何番ですか？ ）
　　03-370-2587 （ 영삼-삼칠공-이오팔칠 ）

練習：次の電話番号を読んでみましょう。

①086-94-1234　　　　②090-0976-2538

③03-5627-8962　　　　④0120-346-961

第 12 課　今日は何曜日ですか ? 무슨 요일입니까 ?

CD 18

이운식	: 오늘은 무슨 요일입니까 ?
모리나가유키	: 화요일입니다.
이운식	: 이번 토요일, 전시회에 안 가실래요 ?
모리나가유키	: 무슨 전시회예요 ?
이운식	: 졸업 전시회입니다.
모리나가유키	: 그래요.
이운식	: 다음 일요일에는 「다도」 모임이 있어요.
	함께 가실래요 ?
모리나가유키	: 네, 좋습니다.
	장소는 어디예요 ?
이운식	: 종로 「운현궁」입니다.

第12課　　今日は何曜日ですか？

李雲植　　：　今日は何曜日ですか？

森永ユキ　：　火曜日です。

李雲植　　：　今度の土曜日に展示会へ行きませんか？

森永ユキ　：　何の展示会ですか？

李雲植　　：　卒業展示会です。

森永ユキ　：　そうですか。

李雲植　　：　次の日曜日には「茶道会」があります。

　　　　　　　一緒に行きますか？

森永ユキ　：　はい、いいですよ。

　　　　　　　場所はどこですか？

李雲植　　：　鐘路「雲峴宮」です。

主な単語と表現

- 오늘은 ／ 今日は
- 무슨 요일

  何曜日
- 화요일 ／ 火曜日
- 이번 ／ 今度
- 토요일 ／ 土曜日
- 전시회 ／ 展示会
- 무슨 ／ 何の
- 가실래요？

  行きますか
- 안 가실래요？

  行きませんか
- 졸업 ／ 卒業

- ～예요 ／ ～です
- 그래요 ／ そうです
- 다음 ／ 次
- 「다도」／「茶道」
- 모임 ／ 会、集まり
- 함께 ／ 一緒に
- 좋습니다

  いいです
- 장소는 ／ 場所は
- 어디예요？

  どこですか？
- 종로 ／ 鐘路
- 「운현궁」／「雲峴宮」

1．曜日の言い方

CD 19

練習：　CDを聞いてみましょう。

월요일（月曜日）　화요일（火曜日）　수요일（水曜日）
목요일（木曜日）　금요일（金曜日）　토요일（土曜日）
일요일（日曜日）

・　次のハングルを書いてみましょう。

월	요	일		화	요	일		수	요	일		목	요	일

금	요	일		토	요	일		일	요	일

2．오늘은 무슨 요일입니까?　（今日は何曜日ですか?）

12 일 월 화 수 목 금 토

	1	2	3	4	5
6	7	⑧	9	10	11	12
13	14	15	16	17	18	19
20	21	22	23	24	25	26
27	28	29	30	31

練習：　カレンダーを見て答えてみましょう。

①오늘은 무슨 요일입니까?　　（今日は何曜日ですか？）
②어제는 무슨 요일입니까?　　（昨日は何曜日ですか？）
③내일은 무슨 요일입니까?　　（明日は何曜日ですか？）
④이번 주 토요일은 며칠입니까?　（今週の土曜日は何日ですか？）
⑤이번 주 일요일은 며칠입니까?　（今週の日曜日は何日ですか？）
⑥다음 주 월요일은 며칠입니까?　（来週の月曜日は何日ですか？）

3．어디예요?　（どこですか？）

「어디」は「どこ」という意味の疑問詞です。
「〜이에요」は、前に来る単語にパッチムがある場合、
「〜예요」は、パッチムがない場合であると第6課に出ています。

例：전시회는 어디예요?　（展示会）
　　화장실은 어디예요?　（お手洗い）

練習：例にならって「〜어디예요?」を使って答えてみましょう。
①우체국（郵便局）　　　　　②역（駅）
③회사（会社）　　　　　　　④집（家）
⑤고향（故郷）　　　　　　　⑥교실（教室）

4．안 가실래요？　（行きませんか？）

動詞、形容詞の前に「안」をつけると否定形になります。
「가실래요?」は「いきますか？」という意味の丁寧な疑問詞です。

CDを聞いてみましょう。
例1：尊敬形
①하시다.（なさる）　　　→ 안 하시다.（なさらない）
②드시다.（召し上がる）　→ 안 드시다.（召し上がらない）
③계시다.（いらっしゃる）→ 안 계시다.（いらっしゃらない）

例2：基本形
①하다.　　（する）　　　→ 안 하다.　　（しない）
②좋아하다.（好きだ）　　→ 안 좋아하다.（好きではない）
③가다.　　（行く）　　　→ 안 가다.　　（行かない）

練習：丁寧な疑問形についてCDを聞いてみましょう。
① 안 하실래요?（なさらないですか？）
② 안 드실래요?（召し上がらないですか？）
③ 안 계실래요?（いらっしゃらないですか？）

第 13 課　家族 가족

CD 20

박영하 ： 미키 씨, 가족은 어떻게 되세요 ?

구도미키 ： 부모님하고 오빠, 여동생의
　　　　　다섯 식구 입니다.

박영하 ： 가족은 어디에 사세요 ?

구도미키 ： 부모님은 후쿠오카에 살고,
　　　　　오빠는 도쿄에 있어요.
　　　　　영하 씨, 가족은요 ?

박영하 ： 어머니하고 할머니, 그리고 형이있어요.
　　　　　가족은 서울에 삽니다.

구도미키 ： 형은 뭘 하세요 ?

박영하 ： 일본 유학생입니다.

第13課　　家　族

朴永河　　：　　三木さん、家族はどのようになりますか？

工藤三木　：　　両親と兄、妹の5人家族です。

朴永河　　：　　家族はどこに住んでいらっしゃいますか？

工藤三木　：　　両親は福岡で、兄は東京にいます。

　　　　　　　　ヨンハさんの家族はどうですか？

朴永河　　：　　母と祖母、そして兄がいます。

　　　　　　　　家族はソウルに住んでいます。

工藤三木　：　　お兄さんは何をしていらっしゃいますか？

朴永河　　：　　日本の留学生です。

主な単語と表現

- 가족　／　家族
- 어떻게 되세요？
  　どのようになりますか？
- 부모님　／　両親
- 오빠　／　お兄さん
- 여동생　／　妹
- 어디에　／　どこに
- 식구　／　家族
- 사세요？
  　住んでいらっしゃいますか？
- 후쿠오카에　／　福岡で
- ～에　／　～で
- 살고　／　住んで
  　基本形：살다　／　住む

- 어머니　／　お母さん
- 할머니　／　おばあさん
- 그리고　／　そして
- 형　／　兄
- 언니　／　姉
- 서울(시)　／　ソウル（市）
- 삽니다
  　住んでいます
- 뭘　／　무엇을
  　何を
- 하세요？
  　していらっしゃいますか？
- 유학생
  　留学生

1. 家族の名称について

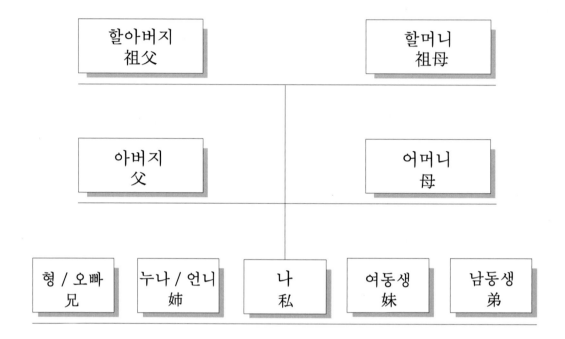

「単語」

「兄」の「형」は、男性が使う。「오빠」は、女性が使う。
「姉」の「누나」は、男性が使う。「언니」は、女性が使う。

練習：「가족은 어떻게 되세요?」「家族はどうですか?」について
　　　会話をしてみましょう。

①가족은 몇 분이세요? (家族は何人ですか?)　　　→
②어디에 사세요?　　 (どこに住んでいますか?)　→
③형제는 몇 분이세요? (兄弟は何人ですか?)　　　→

「単語」

「분」は、「사람」の尊敬語。

2．뭘 하세요?　（何をしていらっしゃいますか？）

「뭘」は「무엇을」という意味の短縮形です。

例：뭘 하세요?（何をしていらっしゃいますか？）

練習：例にならって「～뭘하세요?」を使って答えてみましょう。
　　①대학생입니다.　　（大学生です。）
　　②회사원입니다.　　（会社員です。）
　　③디자이너입니다.　（デザイナーです。）
　　④탤런트입니다.　　（タレントです。）

3．次のハングルを書いてみましょう。

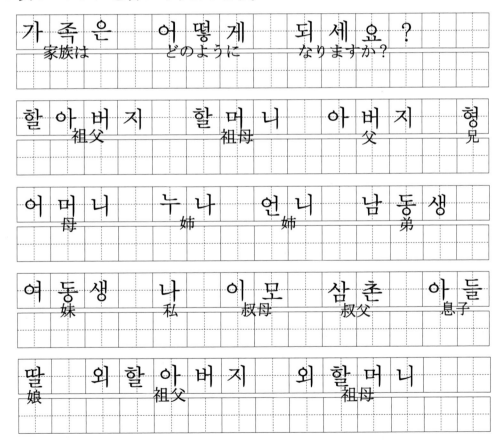

가족은　어떻게　되세요?
家族は　どのように　なりますか?

할아버지　할머니　아버지　형
祖父　　　祖母　　父　　兄

어머니　누나　언니　남동생
母　　　姉　　姉　　弟

여동생　나　이모　삼촌　아들
妹　　　私　叔母　叔父　息子

딸　외할아버지　외할머니
娘　祖父　　　　祖母

第14課　ソウル旅行　서울여행

CD 21

송혜숙　　　　： 지금 무엇을 하고 있어요 ?

후지타히로시 ： 서울시 지도를 보고 있습니다.

　　　　　　　　 중심에 서울타워가 있어요.

송혜숙　　　　： 서울타워 위에는 전망대도 있어요.

　　　　　　　　 이번 주말에 함께 갈까요 ?

후지타히로시 ： 네, 좋아요.　같이 가요.

송혜숙　　　　： 그리고, 명동에도 들릴까요 ?

　　　　　　　　 남산에서 가까워요.

　　　　　　　　 제가 안내 할게요.

후지타히로시 ： 감사합니다.

송혜숙　　　　： 천만에요.

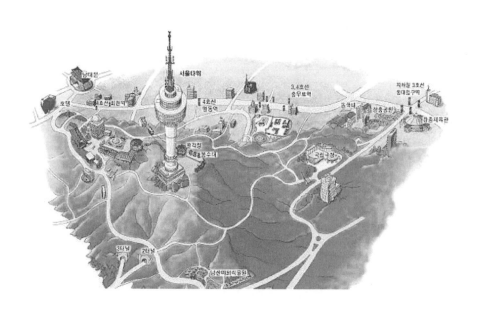

第14課　　ソウル旅行

宋恵淑	：	今、何をしていますか？
藤田ヒロシ	：	ソウル市の地図を見ています。
		中心にソウルタワーがあります。
宋恵淑	：	ソウルタワーの上には展望台もあります。
		今週末に一緒に行きましょうか？
藤田ヒロシ	：	はい、いいですよ。　一緒に行きましょう。
宋恵淑	：	そして、明洞（ミョンドン）にも寄りませんか？
		南山から近いです。
		私が案内します。
藤田ヒロシ	：	ありがとうございます。
宋恵淑	：	どういたしまして。

主な単語と表現

- ソウル旅行
  서울여행
- 지금　／　今
- 무엇을　／　何を
- 지도　／　地図
- 보고　／　見て
  基本形：보다
- 중심에　／　中心に
- 서울타워
  ソウルタワー
- 위　／　上
- 전망대　／　展望台
- ～도　／　～も
- 주말　／　週末

- 함께　／　一緒に
- 갈까요？
  行きましょうか？
- 같이가요
  行きましょう
- 그리고　／　そして
- 명동　／　明洞（ミョンドン）
  ソウル市の中心街
- 들릴까요？
  よりましょうか？
- 가까워요　／　近いです
- 안내 할게요
  案内します
- 천만에요　／　どういたしまして

1. ～도　（　～も　）

「～も」にあたるハングルは「～도」です。

例：전망대도 있어요.　（　展望台もあります。　）

練習：「～도 있어요」を使ってハングルの文を作ってみましょう。
①사진（写真）　　　　　　　②신문（新聞）
③카메라（カメラ）　　　　　④공항（空港）
⑤스카프（スカーフ）　　　　⑥고속도로（高速道路）

2. 現在進行形

現在進行形は動詞の語幹に「～고 있습니다」が付き、
「～しています」となります。

例：보다（見る）→ 보고 있습니다.（見ています。）
　　하다（する）→ 하고 있습니다.（しています。）

練習：「～고 있습니다」を使ってハングルの文を作ってみましょう。
①먹다（食べる）　　　　　　②생각하다（考える）
③쓰다（書く）　　　　　　　④읽다（読む）

3. 「 ～까요？ 」 「～しましょうか？」

「 ～까요？ 」「 ～ㄹ／을까요? 」「～しましょうか? 」のよう
に相手を誘うとき、推量や推測などを表現するときに使用します。

例：함께 갈까요？　（　一緒に 行きましょうか？）
　　들릴까요？　　　（　寄りましょうか？）

練習：「 ～까요？ 」を使ってハングルの文を作ってみましょう。
①운전할까요?（運転しましょうか？）
②만날까요?　（会いましょうか？　）
③예약할까요?（予約しましょうか？）

4．서울시의　지도를　보고　있습니다．（ソウル市の地図を見ています。）

①서울역　　ソウル駅

②서울타워 ソウルタワー

③경복궁　　景福宮

④창덕궁　　昌徳宮

⑤동대문　　東大門

⑥명동　　　明洞

⑦남대문　　南大門

⑧국립중앙박물관
　国立中央博物館

例：・중심에 ②서울타워가 있습니다．

　　　（中心に②ソウルタワーがあります。）

　　・②서울타워의 서쪽에는 ①서울역이 있습니다．

　　　（ソウルタワーの西側に①ソウル駅があります。）

練習：「～있습니다」を使い答えてみましょう。

①서울역　　　　　　　②서울타워
③경복궁　　　　　　　④창덕궁
⑤동대문　　　　　　　⑥명동
⑦남대문　　　　　　　⑧국립중앙박물관

5．～ 에서～ 까지（ ～ から ～ まで ）

　　場所の場合は「～에서～까지 / ～から～まで 」を使います。
　　この説明は第8課に出ています。

　　例： ②서울타워・⑥명동 → ⑥명동에서 ②서울타워까지 가깝습니다．
　　　　　　　　　　　　　　　　　（明洞からソウルタワーまで近いです）

　　練習：上記の地図を見ながら答えてみましょう。
　　　③경복궁・④창덕궁　　　⑥명동・⑦남대문　　　④창덕궁・⑤동대문

第15課　お正月　설날

후지유우지　：　새해 복 많이 받으세요.

유미숙　　　：　새해 복 많이 받으세요.

후지유우지　：　설날은 어떻게 지냅니까 ?

유미숙　　　：　한복을 입고, 세배를 해요.

후지유우지　：　무엇을 합니까 ?

유미숙　　　：　네, 윷놀이, 연날리기, 널뛰기 등을 해요.

후지유우지　：　설날에는 무엇을 먹나요 ?

유미숙　　　：　떡국을 먹어요.

　　　　　　　　일본에서는요 ?

후지유우지　：　신년을 축하하는 오세치요리를 먹습니다.

유미숙　　　：　새해에도 잘 부탁드립니다.

第 15 課　　お正月

藤佑二　：　明けましておめでとうございます。

劉美淑　：　明けましておめでとうございます。

藤佑二　：　お正月はどのように過ごしますか？

劉美淑　：　韓服（ハンボッ）を着てセベをします。

藤佑二　：　何をしますか？

劉美淑　：　はい，　ユンノリ、たこ揚げ、板跳びなどします。

藤佑二　：　お正月には何を食べますか？

　　　　　　トックッを食べます。

劉美淑　：　日本では？

藤佑二　：　新年を祝うオセチ料理を食べます。

劉美淑　：　今年もよろしくお願いいたします。

主な単語と表現

・설날　／　お正月

・새해 복 많이 받으세요

　明けましておめでとうございます

・새해、신년　／　新年

・복　／　福

・많이　／　沢山、いっぱい

・받으세요

　もらってください

・어떻게　／　どのように

・지냅니까？

　過ごしますか？

・한복

　韓服（ハンボッーチマチョゴリ）

・입고　／　着て

・세배　（セベ）／　新年の挨拶

・무엇을 합니까？

　何をしますか？

・윷놀이　／　（ユンノリ）

・연날리기　／　たこ揚げ

・널뛰기（ノルティギ）　／板跳び

・등　／　など

・무엇을　／　何を

・먹나요？　／　食べますか？

・떡국　／　（トックッ）、餅スープ

・일본에서는요？

　日本では（どうですか？）

・축하하는　／　祝う

・오세치요리　／　オセチ料理

1．韓国の伝統的なお正月について、紹介してみましょう。

CDを聞いてみましょう。

例：①한복은 무엇입니까?　(韓服は何ですか？)

한국의 전통 의상입니다.　(韓国の伝統衣装です。)

②떡국은 무엇입니까?　(トックッは、何ですか？)

설날에 먹는 떡 수프입니다.　(お正月に食べる餅スープです。)

③세배는 무엇입니까?　(セベは何ですか？)

신년의 인사입니다.　(新年の挨拶です。)

④윷놀이는 무엇입니까?　(ユンノリは、何ですか？)

막대기 4개를 던져서, 나온 수만큼 나가는놀이입니다.

(細長い棒4個を投げて, 出た数だけ、進める遊びです。)

⑤나카무라 씨, 일본에서는요?

신년을 축하하기 위해 먹는 요리를 「오세치」라고합니다.

(新年を祝うために食べる料理を「おせち」といいます。)

각 집안이나 회사의 문앞에 소나무 장식을 하는 풍습이있습니다.

(各家や会社の正門に門松を飾る風習があります。)

2．過去形を表す過去表現

過去形を表す過去表現は、、動詞や形容詞の語幹に「～았／～었／～였」を付けます。「する」という動詞「하다」は「했습니다」「～しました」という過去形に変化します。

CDを聞いてみましょう

例：基本形（먹다）　（食べる）　먹었습니다（食べました）

（받다）　（もらう）　받았습니다（もらいました）

（놀다）　（遊ぶ）　놀았습니다（遊びました）

（늦다）　（遅い）　늦었습니다（遅かったです）

（마시다）（飲む）　마셨습니다（飲みました）

3．干支（　　　）を聞いてみましょう。

例：무슨 띠입니까? （ 十二支では何にあたりますか？ ）
　　양띠입니다.　　（ 羊です。 ）

쥐	소	호랑이	토끼	용	뱀

말	양	원숭이	닭	개	돼지

쥐 (鼠)　　소 (牛)　호랑이 (虎)　토끼 (兎)　용 (龍)　뱀　 (蛇)
말 (馬)　　양 (羊)　원숭이 (猿)　닭　 (鶏)　개 (犬)　돼지 (猪)

4．次の言葉を使って話してみましょう

・언제　　（　いつ　　）　　　・어디서（　どこで　）
・누가　　（　だれが　）　　　・무엇을（　何を　）
・왜　　　（　なぜ　）　　　　・어떻게（　どのように　）

練習：
①언제（　いつ　）　　　：오늘은 1월 1일 설날입니다.
　　　　　　　　　　　　　（ 今日は 1月 1日お正月です。）
②어디서（　どこで　）　：도쿄 문화센터에서（ 東京文化センターで ）
　　　　　　　　　　　　　서울 문화센터에서（ソウル文化センターで）
③누가　（　だれが　）　：내가（ 私が ）、학생이（ 大学生が ）
④ 무엇을（ 何を ）　　：한국어 스피치를（ 韓国語のスピーチを ）
　　　　　　　　　　　　　일본어 스피치를（ 日本語のスピーチを ）
⑤왜（なぜ）　　　　　：다른 문화간 커뮤니케이션을 위해서
　　　　　　　　　　　　　（ 異文化間のコミュニケーションのために ）
⑥어떻게（どのように）：전국대회에서 1명이 10분간 발표를 했습니다.
　　　　　　　　　　　　　（ 全国大会で1人が10分間発表をしました。）

第16課　書店で　서점에서

CD 23

우에노마사오 　：　미안합니다.
　　　　　　　　　일본어 책은 어디에 있어요 ?

점원 1　　　　：　외국 서적 코너에 있습니다.
　　　　　　　　　똑바로 가시면 마지막 코너입니다.

우에노마사오 　：　고맙습니다.

우에노마사오 　：　이 책 얼마입니까 ?

점원 2　　　　：　삼만 팔천 원입니다.

우에노마사오 　：　사만 원입니다.

점원 2　　　　：　거스름돈 이천 원입니다.　감사합니다.

우에노마사오 　：　컴퓨터 관련 서적은 어디예요 ?

점원 2　　　　：　네, 12번코너입니다.

第 16 課　　書店で

上野マサオ　：　すみません。

　　　　　　　　　日本語の本は　どこにありますか？

店員 1　　　：　外国書籍コーナーにあります。

　　　　　　　　　まっすぐ行かれると最後のコーナーにあります。

上野マサオ　：　ありがとうございます。

　　　　　　　　　この本は、いくらですか？

店員 2　　　：　3 万 8 千ウォンです。

上野マサオ　：　4 万ウォンです。

店員 2　　　：　お釣り 2 千ウォンです。ありがとうございます。

上野マサオ　：　コンピューター関連の書籍はどこですか？

店員 2　　　：　はい、12 番コーナーです。

主な単語と表現

・서점에서
　書店で
・미안합니다.
　すみません
・일본어 책
　日本語の本
・어디에 ／ 어디에
　どこに
・외국서적 코너
　外国書籍コーナー
・있습니다
　あります
・똑바로
　まっすぐ
・가시면 ／ 行かれると

・마지막 ／ 最後の
・고맙습니다
　감사합니다
　ありがとうございます
・삼만 팔천 원
　3 万 8 千ウォン
・거스름돈
　お釣り
・컴퓨터 서적
　コンピューター書籍
・어디예요?
　どこですか？
・12번으로
　12 番へ

1．얼마입니까?　（いくらですか？）

「얼마」は、「いくら」という意味の疑問詞です。

例：우표는 얼마입니까?（切手は いくらですか？）
　　3천 원입니다.（三千ウォンです。）

練習：「얼마입니까?」についてCDを聞いてみましょう。

①책은 얼마입니까?（本はいくらですか？）

②자동차는 얼마입니까?（自動車はいくらですか？）

③아이스크림은 얼마입니까?（アイスクリームはいくらですか？）

2．韓国の通貨

韓国の通貨の種類です。

（紙幣）50,000ウォン、10,000ウォン、5,000ウォン、1,000ウォン

（硬貨）500ウォン、100ウォン、50ウォン、10ウォン、5ウォン、1ウォン

50,000ウォン

（10,000ウォン紙幣は、ハングルを制作した世宗大王の写真が印刷されています。）

10,000ウォン

5,000ウォン

1,000ウォン

3．〜으면、〜면、　　（〜なら、〜たら、）

「〜으면」は、前に来る単語にパッチムがある場合。

「〜면」は、パッチムがない場合です。 ㅂ 変側は「〜우면」になります。 ㄷ 変側は「〜ㄹ으면」になります。

例：있다.（ある ／ いる ）　→　있으면

　　가다.（ 行く ）　　　　　→　　가면

練習：例にならって答えてみましょう。
①오다 （ 来る ）　　　　②하다 （ する ）
③없다 （ 無い ）　　　　④멀다 （ 遠い ）
⑤무겁다 （ 重い ）　　　⑥듣다 （ 聞く ）

4．「〜로」「〜へ」

「〜로」「〜へ」は、方向、経路を表す助詞です。

練習：CDを聞いてみましょう。
①집으로 갑니다　　　　（ 家へ行きます。）
②오카야마로 갑니다.　（ 岡山へ行きます。）
③5번으로 갑니다.　　　（ 5番へ行きます。）
④미국으로 갑니다.　　（ アメリカへ行きます。）

5．助数詞

固有数詞につく助数詞

例：〜장 　（〜枚 ）　　→　몇장 입니까?　（ 何枚ですか？ ）

・ 〜살 （〜才 ）	・ 〜벌 （〜着 ）
・ 〜잔 （〜杯 ）	・ 〜병 （〜瓶 ）
・ 〜척 （〜尺 ）	・ 〜개 （〜個 ）
・ 〜권 （〜冊 ）	・ 〜시 （〜時 ）
・ 〜마리 （〜匹 ）	・ 〜분 （〜分 ）
・ 〜도 （〜度 ）	・ 〜초 （〜秒 ）
・ 〜명 （〜名 ）	・ 〜인 （〜人 ）

文法のまとめ

助詞のまとめを示した表です。

	パッチム有り	パッチム無し
～は	～은	～는
～が	～이	～가
～を	～을	～를
～に（帰着）	～으로	～로
～や・～か	～이나	～나
～へ	～으로	～로
～と	～과	～와
～と	～하고	
～の	～의	
～から（時間）	～부터	
～から（場所）	～에서	
～まで	～까지	
～に（時間、場所）	～에	
（人）～から	～에게서	
（人）～に	～에게 ・ ～한테	
～で（場所）	～에서	
～で（手段）	～로	
～より	～보다	
～も	～도	

平叙文・肯定文と否定文・疑問文のまとめを示した表です。

■ 平叙文

韓国語は日本語と語順が殆ど同じです。

나는　오늘부터　한국어를　공부합니다.

私は　今日から　韓国語を　勉強します。

■ 肯定文と否定文

① 입니다　　　　　　　→　　아닙니다

일본인입니다　　　　→　　일본인이아닙니다

（日本人です　　　　→　　日本人ではありません）

② 있습니다　　　　　　→　　없습니다

언니가 있습니다　　　→　　언니가 없습니다

（姉がいます　　　　→　　姉がいません）

③ その他、述語の前に「안」をつけます。

좋아합니다　　　　　→　　안좋아합니다

（好きです　　　　　→　　好きではありません）

■ 疑問文

① 「〜입니다」の「다」を取って代わりに「까?」を付けます。

대학생입니다　　　　→　　대학생입니까?

（大学生です　　　　→　　大学生ですか?）

② 「〜합니다」は「〜합니까?」となります。

스포츠를 합니다　　→　　스포츠를 합니까?

（スポーツをします　→　　スポーツをしますか?）

③ パッチムがある場合「〜이에요?」となります。

신문이에요　　　　　→　　신문이에요?

（新聞です　　　　　→　　新聞ですか?）

④ パッチムがない場合「〜예요」が使われます。

테니스예요　　　　　→　　테니스예요?

（テニスです　　　　→　　テニスですか?）

現在進行形・〜したいです・尊敬語のまとめを示した表です。

■ 現在進行形

現在進行形は、動詞の語幹＋「〜고 있습니다」「〜しています」です。

보다 (見る)　　　→　보고 있습니다 (見ています　　)

하다 (する)　　　→　하고 있습니다 (しています　　)

먹다 (食べる)　→　먹고 있습니다 (食べています)

쓰다 (書く)　　　→　쓰고 있습니다 (書いています)

읽다 (読む)　　　→　읽고 있습니다 (読んでいます)

듣다 (聞く)　　　→　듣고 있습니다 (聞いています)

■ 願望・希望を表す表現「〜したいです」

用言の語幹 ＋「〜고 싶습니다」「〜がしたいです」です。

가다　　　（ 行く ）　　　→　가고싶습니다　　　（ 行きたいです ）

먹다　　　（ 食べる ）　　→　먹고싶습니다　　　（ 食べたいです ）

마시다　（ 飲む ）　　　→　마시고싶습니다　　（ 飲みたいです ）

만나다　（ 会う ）　　　→　만나고싶습니다　　（ 会いたいです ）

여행하다 (旅行する) →　여행하고싶습니다 (旅行したいです)

공부하다 (勉強する) →　공부하고싶습니다 (勉強したいです)

만들다　（ 作る ）　　　→　만들고싶습니다　　（ 作りたいです　）

사용하다 (使う)　　　→　사용하고싶습니다 (使いたいです　)

■ 尊敬語

「〜します」「〜합니다」動詞の後ろに 「시 ／ 으시」を入れると
「〜される」「〜していらっしゃる」のように丁寧な表現になります。

먹다 (食べる)　→　잡수시다・드시다 (召し上がる)

있다 (いる)　→　계시다 (いらっしゃる)

하다 (する)　→　하시다 (なさる)

어서오십시오 (いらっしゃいませー丁寧、堅い表現)

어서 오세요 (いらっしゃいませーより柔らかい表現)

過去形・規則活用・不規則活用のまとめを示した表です。

■ 過去形

過去表現は、動詞や形容詞の語幹に「 ～았/～었/ ～였 」を付けます。

하다 (する)	→	했습니다 (しました)
먹다 (食べる)	→	먹었습니다 (食べました)
받다 (もらう)	→	받았습니다 (もらいました)
놀다 (遊ぶ)	→	놀았습니다 (遊びました)
마시다 (飲む)	→	마셨습니다 (飲みました)

■ 規則活用

① 母音語幹

次に母音が来る時でもパッチムが変わらない用言である。

받다 (受け取る)、 믿다 (信じる)、 닫다 (閉める)

同じ母音が重なり、必ず 아 がなくなります。

가다 (行く) → 가 、 보다 (見る) → 봐 、 오다 (来る) → 와

② 子音語幹

찾다 (探す) 찾으면、 찾아서

■ 不規則活用

① ㄷ不規則活用 　（다を取り、ㄷパッチムをㄹに変えて、아 か 어をつけます。）

깨닫다(悟る) 　　→ 　 깨닫고、 깨달으면、 깨달아서

듣다 (聞く) 　 → 　 듣고、 　 들으면、 　 들어서

② ㄹ不規則活用 　（後続がㄴ・ㄹ・ㅂ・ㅅ・오の場合、ㄹ取る。아 か어をつける。）

살다 (住む) 　　→ 　 살고、 사는、 살면、 사니、 살아서

③ ㅂ不規則活用 　（다を取り、語幹のㅂをとって、우をつけます。）

돕다 (助ける) 　 → 　 돕고、 　 도우면、 도와서

④ 르不規則活用 　（語幹の르の前にㄹをつけて、母音ーをㅏか ㅓに変える。）

흐르다 (流れる) → 　 흐르고、 흐르면、 흘러서

⑤ 으不規則活用 　（다を取り、語幹の母音ーをㅏか ㅓに変える。）

기쁘다 (嬉し) 　 → 　 기쁘고、 기쁘면、 기뻐서

基本形・丁寧形・会話形対照表　（Ⅰ）

ハングル（単語）の「基本形」、「丁寧形」、「会話形」を示した表です。

基 本 形		丁 寧 形	会 話 形
예쁘다	きれいだ	예쁩니다	예뻐요
높다	高い	높습니다	높아요
좋다	良い	좋습니다	좋아요
생각하다	思う	생각합니다	생각해요
크다	大きい	큽니다	커요
적다	少ない	적습니다	적어요
가다	行く	갑니다	가요
많다	多い	많습니다	많아요
오다	来る	옵니다	와요
보다	見る	봅니다	봐요
바쁘다	忙しい	바쁩니다	바빠요
씻다	洗う	씻습니다	씻어요
자르다	切る	자릅니다	잘라요
빠르다	早い	빠릅니다	빨라요
나쁘다	悪い	나쁩니다	나빠요
만나다	会う	만납니다	만나요
보내다	送る	보냅니다	보내요
작다	小さい	작습니다	작아요
타다	乗る	탑니다	타요

基本形・丁寧形・会話形対照表　（Ⅱ）

ハングル（単語）の「基本形」、「丁寧形」、「会話形」を示した表です。

基　本　形		丁　寧　形	会　話　形
맛있다	おいしい	맛있습니다	맛있어요
불다	吹く	붑니다	불어요
빛나다	光る	빛납니다	빛나요
놀다	遊ぶ	놉니다	놀아요
읽다	読む	읽습니다	읽어요
서다	立つ	섭니다	서요
덥다	暑い	덥습니다	더워요
깊다	深い	깊습니다	깊어요
고치다	直す	고칩니다	고쳐요
쓰다	書く	씁니다	써요
전하다	伝える	전합니다	전해요
길다	長い	깁니다	길어요
배우다	学ぶ	배웁니다	배워요
만들다	作る	만듭니다	만들어요
정하다	決める	정합니다	정해요
뜨겁다	熱い	뜨겁습니다	뜨거워요
차다	冷たい	찹니다	차요
부르다	呼ぶ	부릅니다	불러요
걷다	歩く	걷습니다	걸어요

かな文字・ハングル対照表

日本の五十音図にあたるハングルを示した表です。

	ア	イ	ウ	エ	オ		ヤ	ユ	ヨ	
あ	아 ア	이 イ	우 ウ	에 エ	오 オ		야 ヤ	유 ユ	요 ヨ	
か	카 カ (가)	키 キ (기)	쿠 ク (구)	케 ケ (게)	코 コ (고)		캬 (갸)キャ	큐 (뀨)キュ	쿄 (교)キョ	
が	가 ガ	기 ギ	구 グ	게 ゲ	고 ゴ		갸 ギャ	규 ギュ	교 ギョ	
さ	사 サ	시 シ	스 ス	세 セ	소 ソ		샤 シャ	슈 シュ	쇼 ショ	
ざ	자 ヂャ	지 ヂ	즈 ヂュ	제 ヂェ	조 ヂョ		자 ヂャ	주 ヂュ	조 ヂョ	
た	타 タ (다)	치 チ (지)	쓰 ッ	테 テ (데)	토 ト (도)		차 (자)チャ	추 (주)チュ	초 (조)チョ	
だ	다 ダ	지 ヂ	즈 ッ	데 デ	도 ド					
な	나 ナ	니 ニ	누 ヌ	네 ネ	노 ノ		냐 ニャ	뉴 ニュ	뇨 ニョ	
は	하 ハ	히 ヒ	후 フ	헤 ヘ	호 ホ		햐 ヒャ	휴 ヒュ	효 ヒョ	
ば	바 バ	비 ビ	부 ブ	베 ベ	보 ボ		뱌 ビャ	뷰 ビュ	뵤 ビョ	
ぱ	파 パ	피 ピ	푸 プ	페 ペ	포 ポ		퍄 ピャ	퓨 ピュ	표 ピョ	
ま	마 マ	미 ミ	무 ム	메 メ	모 モ		먀 ミャ	뮤 ミュ	묘 ミョ	
ら	라 ラ	리 リ	루 ル	레 レ	로 ロ		랴 リャ	류 リュ	료 リョ	
わ	와 ワ		ん	ㄴ ン		・「ん」は、パッチム「ㄴ」をつけて表記します。 ・小さい「っ」は、パッチム「ㅅ」をつけて表記します。				

単語集

単 語 （韓 － 日）			
ㄱ		곧다	まっすぐ
가	～が	골프	ゴルフ
가격	価格	곱다	美しい
가깝다	近い	공항	空港
가다	行く	과	～と
가려면	行くには	그것	それ
가방	かばん、バッグ	그곳	そこ
가볍다	軽い	그래서	そのため
가시면	行かれると	그래요	そうです
가을	秋	그러면	それでは
가장	最も	교통	交通
가족	家族	그리고	そして
가지다	持つ	그립다	恋しい
감사합니다	ありがとうございます	그림	絵画
갑자기	突然、急に	긋다	引く
거스름돈	お釣り	기다리다	待つ
거의	ほとんど	기쁘다	嬉しい
건너다	渡る	기회	機会
건네다	渡す	길	道
건물	建物	길다	長い
걷다	歩く	깊다	深い
걸리다	かかる	까지	～まで
겨울	冬		
계시다	いらっしゃる	**ㄴ**	
고르다	選ぶ	나	私
고맙다	ありがたい	나가다	出る
고치다	直す	나누다	分ける

単 語 （韓 – 日）

나라	国	눈	目
나무	木	뉴욕	ニューヨーク
나쁘다	悪い	는	〜は
낚시	釣り	늦다	遅れる
낡다	古い	늦잠	朝寝
남기다	残す		
남자	男子	**ㄷ**	
낫다	治る	다도	茶道
내년	来年	다다르다	至る
내리다	降る	다섯	いつつ
내용	内容	다섯시	5時
내일	明日	다섯시간	5時間
너그럽다	寛大だ	다왔습니다	着きました
널리	広く	다음	次
넘다	超える	달	月
네	はい	달다	甘い
네 시	4時	달력	カレンダー
네 시간	4時間	달리기	ジョギング
넷	4つ	담그다	漬ける
노래	歌	대단히	とても
놀다	遊ぶ	대학생	大学生
높다	高い	더	もっと
누가	誰が	더럽다	汚い
누구	誰	덥다	暑い
누구세요?	どなたですか？	돈	お金
누나	お姉さん	돋다	昇る

単 語 （韓－日）

돕다	手伝う、助ける	로	～に、～で、～へ
동양	東洋	를	～を
돼지	豚、猪	**ㅁ**	
두 시간	2時間		
둥글다	丸い	마리	匹
뒤	後ろ	마음에 들다	気に入る
드라마	ドラマ	마지막	最後の
드시다	召し上がる	만	万
드십시오	召し上がってください	만나다	会う
듣다	聞く	만나요	会いましょう
등기	書留め	만들다	作る
디자이너	デザイナー	말	言葉
디자인	デザイン	말하다	言う
따르다	従う、注ぐ	맛없다	まずい
딸	娘	맞다	正しい
딸기	いちご	맡기다	預ける
때문	～ため、～せい	매우	大変、とても
또는	あるいは、また	매일	毎日
뜨겁다	熱い	맵다	辛い
뜨다	浮く、席を立つ	머리	頭
		먹다	食べる
ㄹ		먼저	先に
		며칠	何日
라고	～と	몇시쯤	何時頃
라도	～でも	무릎	ひざ
라인	ライン	무엇	何の
레스토랑	レストラン		

単 語 （韓 － 日）

목	首、喉	백화점	デパート
목요일	木曜日	버스	バス
무엇	何	번호	番号
묵다	泊る	병원	病院
문	ドア、扉	보다	見る
문병	見舞い	보통	普通
물	水	복	福
물건	もの	볼펜	ボールペン
미국	アメリカ合衆国	봄	春
미술관	美術館	부럽다	うらやましい
미안합니다	すみません	부모	両親
밑	下	부족	不足
밑줄	下線	부탁	お願い
		분	分
ㅂ		불고기	焼き肉
		불다	吹く
바다	海	블록	ブロック
바쁘다	忙しい	비	雨
바람	風	비로서	はじめて、やっと
밖	外	비롯하다	始まる
반갑습니다	嬉しいです	비빔밥	ビビンパ
발	足	비행	飛行
밤	栗、夜	빌다	祈る
배드민턴	バトミントン	빛나다	輝く
배우다	学ぶ	빠르다	速い
백	百	빵	パン
백만	百万		

単 語 （韓 － 日）

ㅅ		쇼핑	買い物
사	4	수영	水泳
사계절	四季	슈퍼마켓	スーパー
사과	リンゴ	스물	20
사월	四月	스푼	スプーン
사전	辞典	슬프다	悲しい
사진촬영	写真撮影	시간	時間
산	山	시계	時計
상냥하다	優しい	시끄럽다	うるさい
상자	箱	시내	市内
새해、신년	新年	시원하다	涼しい
색상(색깔)	色（カラー）	시월	10月
생일	誕生日	시청	市庁
서다	立つ	신고	申告
서두르다	急ぐ	실례	失礼
서양	西洋	십	10
서울	ソウル	십이월	12月
선물	プレゼント	십일월	11月
서점	書店	씨	～さん
설날	正月	씻다	洗う
셋	3つ		
소포	小包	ㅇ	
속달	速達	아깝다	残念だ、惜しい
속에	～中に	아니오	いいえ
손	手	아들	息子
손가락	指	아래에	下に

単　語　（韓 - 日）

아름답다	美しい	어떻게	どのように
아버지	お父さん	어린이	こども
아시아	アジア	어머니	おばあさん
아이	子供	어버이	父母
아주	とても	어쩐지	なんだか
아프다	痛い	억	億
아홉시	9時	언니	姉
안국역	安国駅	언제	いつ
안녕하세요?	こんにちは	얼굴	顔
안녕히가세요	さようなら（去る人へ）	얼마	いくら
안녕히계세요	さようなら（残る人へ）	없다	ない
앉다	座る	여권	パスポート
알다	知る	여기	ここ
앞	前	여덟	8つ
앞날	将来	여덟시	8時
앞으로	これから	여동생	妹
애인	恋人	여름	夏
야구	野球	여보세요	もしもし
약간	若干、いくらか	여섯	6つ
약속	約束	여섯시	6時
약하다	弱い	여행	旅行
양	羊、量	연극	演劇
어깨	肩	연날리기	たこ揚げ
어디로	どこへ	연락처	連絡先
어디(에)서	どこ（で）	예	はい
어디예요？	どこですか？	예쁘다	きれいだ

単　語　（韓－日）

예약	予約	요금	料金
연하장	年賀状	요즈음	この頃、近頃
열	10（とお）	우연히	偶然に、たまたま
열두시	12時	우유	牛乳
열시	10時	우체국	郵便局
열쇠	鍵	우측	右側
열한시	11時	우표	切手
영화	映画	운현궁	雲峴宮
영화감상	映画鑑賞	원	ウォン
엽서	葉書き	원숭이	猿
옆	横・そば	원하다	望む
오	五	월요일	月曜日
오늘	今日	유난히	とりわけ、格別に
오다	来る	유월	6月
오래간만입니다	ひさしぶりです	유학생	留学生
오른쪽	右側	육	6
오빠	お兄さん	육십	60
오세치요리	おせち料理	윷놀이	ユンノリ
오십	50	으로	～で
오전	午前	은행	銀行
오후	午後	음악	音楽
오히려	むしろ、かえって	의사	医者
왜	なぜ	이	この
외국서적	外国書籍	이	2
월일	月日	이	歯
위	上	이것은	これは

単語集

単 語 （韓 － 日）

이번	今度	ㅈ	
이번주말	先週末	자기소개	自己紹介
이십오일	25日	자동차	自動車
이용	利用	자전거	自転車
이웃	隣、近く	자주	よく
이월	2月	작다	小さい
이쪽	こちら	잘	どうぞ
인사	あいさつ	저고리	チョゴリ
인사동	仁寺洞	저녁	夕方、夜
인터넷	インターネット	저는	私は
일	仕事、ビジネス	저쪽	あちら
일	1	제일	一番
일곱	7つ	적다	少ない
일곱시	7時	전망대	展望台
일본사람	日本人	전시회	展示会
일본어	日本語	전하다	伝える
일요일	日曜日	전혀	まったく
일주일	一週間	전화번호	電話番号
일하다	働く	정거장	駅
잃다	失う、無くす	정면	正面
입	口	정하다	定める
입국	入国	조금	少し
입니다	です	조사하다	調べる
입다	着る	조용한	静かな（静かだ）
잇다	つなぐ、続く	종래	従来
잎	葉	좋다	良い

単 語 （韓 − 日）

좋아하다	好きだ	척	尺
좌측	左側	천	千
주말	週末	천만에요	どういたしまして
주문	注文	천천히	ゆっくり
주세요	ください	초	秒
주스	果汁	초대	招待
주어지다	与えられる	촛불	キャンドル
줄다	減る、小さくなる	최선	最善
즐기다	楽しむ	축구	サッカー
즉	すなわち、つまり	축하	祝い
지금	今	출구	出口
지나치다	通り過ぎる	출발	出発
지도	地図	춥다	寒い
지우개	消しゴム	취미	趣味
지하도	地下道	취직	就職
지하철	地下鉄	측정	測定
직업	職業	치르다	支払う
		친구	友達、友人
ㅊ		칠	7
		칠월	7月
차	自動車	칠십	70
차	お茶		
차다	冷たい	**ㅋ**	
창문	窓		
찾다	探す	카드	カード
책상	机	카메라	カメラ
처음	初めて、初め	캠프	キャンプ

単 語 （韓 － 日）

커피	コーヒー	**ㅎ**	
컴퓨터	コンピューター	하나	ひとつ
컵	コップ	하루	1日
케이크	ケーキ	하카타	博多
코	鼻	학교	学校
코너	コーナー	학생	学生
크다	大きい	한국어	韓国語
크리스마스	クリスマス	한복	韓服、チマチョゴリ
		한시	1時
ㅌ		한시간	1時間
타다	乗る	한시반	1時半
타워	タワー	한테	～に
택시	タクシー	할머니	おばあさん
테니스	テニス	할아버지	おじいさん
토대	土台	함께	一緒に
토요일	土曜日	해	太陽
		해물	海産物
ㅍ		형	兄さん
팔	腕	휴대폰	携帯電話
팔	8	호텔	ホテル
팔십	80	혹시	もしかして
팔월	8月	화요일	火曜日
팔천	8千	화장실	トイレ
팥빙수	カキ氷	환경과학	環境科学
피다	咲く	회사원	会社員
피해	被害	횡단보도	横断歩道

擬態語、擬声語

하늘하늘	ゆらゆら	데굴데굴	ごろごろ
너울너울	ひらひら	안절부절	そわそわ
파릇파릇	あおあお	터벅터벅	とぼとぼ
아장아장	よちよち	살래살래	いやいや
토실토실	ぽちゃぽちゃ	비틀비틀	よろよろ
깡충깡충	ぴょんぴょん	너덜너덜	ぼろぼろ
반짝반짝	キラキラ	느릿느릿	のろのろ
미끌미끌	スベスベ	슬금슬금	こそこそ
꾸불꾸불	くねくね	엉금엉금	のそのそ
포동포동	プクプク	보슬보슬	しとしと
깜빡깜빡	ぱちぱち	반들반들	つるつる
글썽글썽	うろうろ	휘청휘청	ふらふら
미끈미끈	ヌルヌル	우물쭈물	ぐずぐず
뭉게뭉게	むくむく	푹신푹신	ふわふわ
성큼성큼	つかつか	흔들흔들	ぶらぶら
우물우물	もぐもぐ	빙글빙글	くるくる
대롱대롱	ぶらりぶらり	바삭바삭	サクサク
날름날름	ペロペロ	부글부글	ぐつぐつ
방글방글	にこにこ	빨리빨리	早く早く
주렁주렁	ふさふさ	개굴개굴	ゲロゲロ
찐덕찐덕	ネチネチ	소곤소곤	ひそひそ
뻘뻘	たらたら	퐁당퐁당	どぷんどぷん
둥실둥실	ふわふわ	주룩주룩	ザワザワ
울퉁불퉁	でこぼこ	바스락바스락	カサカサ
들쭉날쭉	ギザギザ	와글와글	わいわい
철썩철썩	ぴちゃぴちゃ	딸랑딸랑	がらがら

ハングル表

下の表は母音字 10 個と子音字 14 個の組み合わせです。書いてみましょう。

母音 子音	ㅏ	ㅑ	ㅓ	ㅕ	ㅗ	ㅛ	ㅜ	ㅠ	ㅡ	ㅣ
ㄱ	가	갸	거	겨	고	교	구	규	그	기
ㄴ	나	냐	너	녀	노	뇨	누	뉴	느	니
ㄷ	다	댜	더	뎌	도	됴	두	듀	드	디
ㄹ	라	랴	러	려	로	료	루	류	르	리
ㅁ	마	먀	머	며	모	묘	무	뮤	므	미
ㅂ	바	뱌	버	벼	보	뵤	부	뷰	브	비
ㅅ	사	샤	서	셔	소	쇼	수	슈	스	시
ㅇ	아	야	어	여	오	요	우	유	으	이
ㅈ	자	쟈	저	져	조	죠	주	쥬	즈	지
ㅊ	차	챠	처	쳐	초	쵸	추	츄	츠	치
ㅋ	카	캬	커	켜	코	쿄	쿠	큐	크	키
ㅌ	타	탸	터	텨	토	툐	투	튜	트	티
ㅍ	파	퍄	퍼	펴	포	표	푸	퓨	프	피
ㅎ	하	햐	허	혀	호	효	후	휴	흐	히

切り取り線

所　　　　属		学籍番号	氏　　　名
学部　　　　学科			

- 97 -

・次のハングルを書いてみましょう。

ㄱ

カバン			家具		

ㄴ

国			姉		

ㄷ

茶道			都市		

ㄹ

レモン			ラーメン		

ㅁ

帽子			頭		

ㅂ

海			蝶		

ㅅ

先生						山	

ㅇ

野球			料理		

ㅈ

地球			記者		

ㅊ

汽車			机		

ㅋ

コーヒー			カード		

ㅌ

土曜日						フレーム	

ㅍ

波			手紙		

ㅎ

学生			湖		

所　　　属	学籍番号	氏　　名
学部　　　　　学科		

切り取り線

固有数詞

日本語には「ひとつ、ふたつ、みっつ…」という数え方と、「いち、に、さん…」という数え方があります。ハングルにも2種類の数え方があります。時、時間の場合は「ひとつ、ふたつ…」のような固有数詞の数え方を使います。

1	하나	11		21		40	
2	둘	12		22		50	
3		13		23		60	
4		14		24		70	
5		15		25		80	
6		16		26		90	
7		17		27		100	
8		18		28		千	
9		19		29		万	
10		20		30		億	

所　　　　属	学籍番号	氏　　　名
学部　　　　学科		

月の言い方

1月		2月		3月		4月	
5月		6月		7月		8月	
9月		10月		11月		12月	

数詞

1	일	11		21		40	
2	이	12		22		50	
3		13		23		60	
4		14		24		70	
5		15		25		80	
6		16		26		90	
7		17		27		100	
8		18		28		千	
9		19		29		万	
10		20		30		億	

所　　　　属	学籍番号	氏　　　名
学部　　　　学科		

切り取り線

次のハングルを書いてみましょう。

가족은　　어떻게　　되세요？
家族は　　　　どのように　　　なりますか？（何人家族ですか？）

할아버지　　할머니　　아버지　　형
祖父　　　　　　祖母　　　　　父　　　　兄

어머니　　누나　　언니　　남동생
母　　　　　姉　　　　姉　　　　弟

여동생　　나　　이모　　삼촌　　아들
妹　　　　私　　　叔母　　　叔父　　　息子

딸　외할아버지　　외할머니
娘　　　祖父　　　　　　祖母

所　　　属	学籍番号	氏　　名
学部　　　　　学科		

切り取り線

－ 101 －

著者紹介

朴　貞淑（パク　ジヨンスク）

韓国ソウル市生まれ

筑波大学大学院修了

和歌山大学大学院システム工学博士課程修了（工学博士）

現職：岡山県立大学デザイン学部建築学科　准教授

　　　　岡山県立大学国際交流センター　韓国語村　村長

主な論文：

「日本における外国語として韓国語教育の現状と課題」

「韓国の高等教育における外国語としての韓国語教育に関する研究」

「韓国語教育における授業アンケートに見るコミュニケーション」

「韓国語教育における文化教育の方案に関する研究」

「韓国における外国語としての韓国語教育に関する研究」

「外国語としての韓国語教育に関する研究」ほか多数。

監修

朴　恵淑（パク　ケイシュク）

韓国ソウル市生まれ

梨花女子大学大学院修了

筑波大学大学院地球科学研究科博士課程修了（理学博士）

現職：国立大学法人三重大学特命副学長（環境・SDGs）

　　　　三重大学国際環境教育研究センター長

　　　　WHO アジア・太平洋環境保健センター(WHOACE)所長

協力者

小野　恵理嘉（オノ　エリカ）

上智大学大学院地球環境学研究科修士課程修了

CD 吹込者

朴　貞淑（パク　ジヨンスク）

鄭　明（ジョン　ミョン）

改訂2版 実践韓国語　初・中級編

2009 年 3 月 30 日　初版発行
2015 年 4 月 3 日　改訂版発行
2022 年 4 月 3 日　改訂 2 版発行
2024 年 3 月 10 日　改訂 2 版 3 刷発行

著　　者　朴　貞淑

監　　修　朴　恵淑

協　　力　小野恵理嘉

発　　行　ふくろう出版
　　　　　〒700-0035　岡山市北区高柳西町 1-23
　　　　　　　　　　　友野印刷ビル
　　　　　TEL：086-255-2181
　　　　　FAX：086-255-6324
　　　　　http://www.296.jp
　　　　　e-mail：info@296.jp
　　　　　振替　01310-8-95147

印刷・製本　友野印刷株式会社
ISBN978-4-86186-855-9 C3087　©PARK Jungsook 2022
定価は表紙に表示してあります。乱丁・落丁はお取り替えいたします。

表紙写真　(左)：ハングルを創製した朝鮮王朝第 4 代世宗大王（セジョン：在位 1418 ～ 1450)
　　　　　(右)：雲峴宮での子どもたち　©中央 M&B